교사를 위한 마음공부

현직 교사가 전하는 행복한 교직생활을 위한 20가지 심리 법칙

교사를 위한
마음공부

류성창 지음 · 이재연 감수

이재연
느루독서심리연구센터 대표
고려대학교 겸임교수

행복한 교직생활을 위해 심리학을 선택한 탁월함에 박수를 보내며 글을 감수했습니다. 원고를 읽으면서 심리학 지식이 교사의 삶 속에서 지혜로 변모하는 모습에 절로 감탄사가 나왔습니다. 1장 〈관계 만들기〉에서는 감정이 굳어서 장벽이 되지 않도록 허물어주었고, 2장 〈마음 키우기〉에서는 오해가 이해로 바뀌고 자존심이 자존감으로 옷을 갈아입었습니다. 3장 〈업무부담 줄이기〉에서는 생각이 지나친 편견이 되지 않도록 균형을 잡아주었으며, 4장 〈행동으로 실천하기〉에서는 행동이 충동적으로 춤을 추지 않도록 적당한 리듬을 타는 일관성을 선물해주었습니다.

자칫 어려울 수 있는 심리학 용어와 개념들을 독자들의 눈높이에서 쉽고 재미있게 풀어낸 것도 마음공부에 즐거움을 더합니다. 교사로서 '행복한 교직생활'에 대한 고민이 있다면, 이 책을 펼치는 것만으로도 나날이 힘든 현실 속에서 여위어가는 눈동자가 번뜩이는 것을 경험하게 될 거라는 확신이 생깁니다.

저경력 선생님에게는 준비 없이 갑자기 떠나야 하는 여행처럼 느껴질 교사의 삶에서 '지도'와 같은 지침서가 될 것이라 확신합니다. 그리고 고경력 선생님에게는 나의 교직생활을 바라보며 올바른 방향으로 이끌어줄 '나침반' 역할을 해줄 것이라고 확신합니다.

교사와 동료교사의 만남 그리고 제자, 학부모와의 인연⋯⋯. 우연과 필연이 교직되어 낳은 생생한 이야기가 머리와 가슴에 촘촘하게 기록되어갑니다. 교사로서 이러한 기록들은 자료조차 없는 오지를 탐험하며 경험해야 하는 낯섦과 놀라움의 연속일 것입니다. 하지만 견디고 이겨낸 날들을 위로하며 아픔과 감동이 교차하는 시간을 그저 '좋았던 시간'이라고 치부하기에는 아파해야 하는 시간이 너무 깁니다.

교사의 길을 가는 동안 자기 자신을 잃어버리지 않을 수 있는 능력과 자신을 온몸으로 받아들일 수 있는 능력을 확고히 하기에 좋은 지침서라 생각됩니다.

이 책이 선생님들에게 필독서가 되면 좋겠습니다.

초임 시절, 경력이 쌓이면 지금보다 더 행복하게 교직생활을 보낼 줄 알았습니다. 선배 교사들처럼 눈빛만 봐도 아이들의 마음을 이해하고, 주변 동료나 학부모들의 마음을 사로잡으면서 행복하게 보낼 것으로 기대했습니다. 그러나 경력이 쌓이면 쌓일수록 선생님이라는 이름의 무게는 점점 더 커지고 있습니다. 매년 업무는 늘어나고, 학생과 학부모와의 관계는 더 부담스러워지고 있습니다. 더욱이 코로나와 4차 산업혁명으로 세상은 더 빠르게 변화하고 있어 선생님에게 많은 변화를 요구하고 있습니다. "경력이 쌓인다고 교직생활이 행복해지는 것은 아니다"라는 말을 요즘 뼈저리게 느끼고 있습니다.

그렇다면 행복한 교직생활을 보내려면 어떻게 해야 할까요? 승진에 대한 욕심을 줄이거나 업무를 줄이면 될까요? 아니면 원하는 학교에 발령받거나 성격이 원만한 교직원과 근무하면 행복해질까요?

선생님들의 고민을 듣고 함께 대화하면서 깨달은 사실이 있습니다. 그것은 분명 '나에게 문제가 있다'라고 생각하는 사람과 '나에게 아무런 문제가 없다'라고 생각하는 사람은 행복을 느끼는 차이가 크다는 것이었습니다. 자신에게 어떤 문제가 있는지 아는 사람은 그 해답을 찾기 위해 한 발 한 발 나아갑니다. 하지만 자신에게 아무런 문제가 없다고 우기는 사람은 남 탓만 하며 불행한 삶을 살게 됩니다. 행복한 교직생활을 하려면 우선 나에게서 문제를 찾아야 합니다. 저는 그 문제를 찾는 방법을 심리학에서 발견했습니다.

심리학은 "대체 나라는 사람은 어떻게 작동하는 것일까?"라는 질문에서 출발합니다. 우리는 매일 정신없는 삶을 살지만 정작 '나'를 알기 위한 질문이나 노력은 거의 하지 않습니다. 하지만 심리학을 알게 되면 생각이 달라집니다. 우선, '나' 자신에 대한 이해가 높아집니다. 내가 왜 이런 행동을 했는지, 나는 왜 매일 계획만 세우고 실천하지 않는지 등 '나'를 먼저 이해하게 됩니다. 그러면 내 인생의 행복을 가로막는 다양한 문제들이 자연스럽게 해결되는 경험을 하게 됩니다. 왜냐하면 인생의 많은 문제는 결국 '나 자신'을 제대로 이해하지 못한 탓이기 때문입니다.

다음으로, 심리학을 알게 되면 타인에 대한 이해가 높아집니다. 학생이나 학부모가 왜 그런 말을 하는지, 주변 사람들이 나에게 왜 그런 행동을 하는지 알 수 있습니다. 그러한 말과 행동의 원인을 알게 되면 타인을 이해할 수 있게 됩니다. 그리고 타인을 이해하기 시작하면 내 삶이 바뀌게 됩니다.

심리학자 알프레드 아들러(Alfred Adler)는 다음과 같은 말을 했습니다.

"우리 인생은 우리가 무엇을 부족하다고 여기는지에 따라 달라진다."

이 책을 관통하는 주제는 "남을 바꾸려 하지 말고, 나를 바꿔야 한다"입니다. 남의 생각이나 행동을 바꾸는 것은 시간 낭비이자 불가능한 일입니다. 행복한 삶을 보내는 가장 효과적인 방법은 나를 바꾸는 일입니다. 그리고 나를 바꾸려면 '내가 왜 이렇게 생각하고 행동하는지' 알아야 합니다. 이 책에 등장하는 20가지 심리 법칙을 알면 '내가 왜 이렇게 생각하고 행동하는지' 이해할 수 있습니다.

이 책은 사연자의 고민을 두 사람이 대화하면서 해결하는 형식으로 구성했습니다. 사연자의 고민은 제 주변 지인들의 사연과 교사 커뮤니티, 직장인 커뮤니티에 올라온 사연을 바탕으로 선정하였고, 책의 내용 전개는 저와 다른 선생님이 사연자의 고민을 심리학과 연계하여 대화하는 방식으로 진행하였습니다.

이 책은 많은 분의 도움과 응원으로 만들어졌습니다. 먼저 다양한 고민에 대한 해결 방법을 이야기하며 자료를 제공해준 선생님들이 없었다면 이 책의 집필을 시작할 수 없었을 것입니다. 그리고 책이 완성되기까지 내용을 살펴보고 문장을 다듬어준 저의 아내와 박상기 작가님의 고마움 또한 잊을 수 없습니다. 아울러 책의 감수를 맡아준 이재연 교수님과 멋진 삽화를 그려준 정진아 선생님께 감사의 마음을 전합니다. 마지막으로 책을 출판하는데 끝까지 격려해주며 함께한 지노 출판사 대표님과 모든 편집자님께 두 손 모아 감사의 인사를 드립니다.

2023년 4월
류성창

차
례

~~~~~~

관계
만들기

마음
키우기

업무부담
줄이기

PART 4

행동으로
실천하기

PART 1

관계 만들기

꼴도 보기 싫은 사람,
어떻게 대하면 좋을까요?

점화 효과

"선생님, 요즘 표정이 좋지 않은데 무슨 일 있나요?"

옆 반 선생님이 걱정스러운 표정으로 나에게 물어봅니다.

'그것도 모르냐 바로 너 때문이야'라고 말하고 싶었지만 간신히 참았습니다. 뒷담화와 편 가르기가 주특기인 그 선생님에게 마음에 있는 말을 하는 순간 어떻게 될지 뻔하기 때문입니다. 그래서 몸이 아프다는 핑계로 대충 얼버무리며 자리를 피했습니다.

저는 옆 반 선생님이 너무 싫습니다. 자신에게 도움이 되는 일은 눈에 불을 켜고 달려드는데, 작은 손해라도 생기면 불같이 화를 냅니다. 그리고 쉬운 일만 골라 하면서 엄청 생색을 냅니다. 한마디로 정의하면 너무 얌체처럼 행동합니다. 하지만 좋든 싫든 올 한 해는 함께 지내야 합니다. 꼴도 보기 싫은 옆 반 선생님, 어떻게 대하는 것이 좋을까요?

☐ 생각보다 시간은 빨리 지나갑니다. 꾹 참고 1년 뒤 다른 학년이나 다른 학교로 옮기세요.

☐ 얌체 같은 성격은 고쳐줘야 합니다. 옆 반 선생님에게 무엇이 마음에 들지 않는지 솔직하게 말하세요.

☐ 어차피 함께 지낼 사람입니다. 사람을 미워하면 선생님만 힘들어질 거예요. 옆 반 선생님의 좋은 모습을 찾아보세요.

직장생활을 가장 힘들게 하는 것은 무엇일까요? 사람마다 다양한 대답이 나오겠지만 저는 직장생활을 가장 힘들게 하는 것은 사람이라고 생각합니다. 어느 직장에 있든 사람이 좋으면 버틸 수 있습니다.

학교에는 다양한 유형의 사람이 있습니다. 그중 나와 마음이 맞는 사람과 맞지 않는 사람이 있습니다. 단순히 마음이 맞지 않는 사람이라면 그럭저럭 지낼 수 있습니다. 하지만 쳐다보면 화나고 대화하면 속이 터지는 '꼴도 보기 싫은 사람'이 있다면 문제가 발생할 수 있습니다.

사연을 들으니 옛날 신규 시절이 떠오르네요. 처음에는 일 때문에 걱정했는데 정작 저를 힘들게 하는 건 사람이더라고요. 첫해에 꼴도 보기 싫은 선생님 때문에 너무 힘들었어요. 저를 은근히 무시하면서 깔보더라고요.

꼴도 보기 싫을 정도로 사람을 미워하는 이유는 여러 가지가 있습니다. 업무분장과 학교 운영 같은 공적인 영역에서 다툼이 발생해 감정이 상할 수 있고, 성향이나 성격 차이 등 개인적인 이유에서 미워하는 감정이 생길 수 있습니다. 처음에는 신경 쓰지 않으려고 노력하지만, 함께 지내면서 계속 부딪히게 되고 결국 감정이 상하게 됩니다. 만약 사연자처럼 같은 학교에 꼴도 보기 싫은 선생님이 있다면 어떻게 할 건가요?

만나는 일이 드문 선생님이라면 무시해도 좋을 것 같아요. 그런데 만나는 일이 잦은 선생님이라면 무시하기 어려울 것 같아요. 그런 선생님이라면 친하게 지내는 것이 좋지 않을까요?

맞습니다. '피할 수 없으면 즐겨라'라는 말처럼 가장 좋은 방법은 그 선생님과 친하게 지내는 것입니다. 아마 누군가 사연자와 비슷한 고민을 털어놓으면 대부분 선생님은 "나중에 만날 사람이니 친하게 지내"라고 조언할 것입니다. 하지만 막상 내가 이런 갈등 상황에 부딪히면 친하게 지내기가 쉽지 않습니다. 더욱이 갈등 대상과 나이 차가 많이 나거나 직급이 다르면 친하게 지내기는 더욱 어렵습니다. 이런 경우 어떻게 하는 것이 좋을까요?

저는 예전에 혼자 속앓이를 하면서 버텼는데 좋은 방법은 아닌 것 같아요. 그리고 교직 사회가 워낙 좁다 보니 그 사람을 피해도 언젠가 다시 만나더라고요.

『손자병법』에 '삼십육계'라는 방법이 있습니다. 우리가 보통 '삼십육계'라고 하면 '도망가라'라는 뜻으로 이해하는데, 본래의 뜻은 서른여섯 번째 계책, 즉 마지막 계책이라는 뜻입니다. 모든 계책을 다 써도 해결할 수 없고 사용할 계책이 없다고 생각할 때 도망가라는 뜻입니다. 그러므로 꼴도 보기 싫은 선생님을 피해 학교를 옮기거나 학년을 옮기는 것은 최후의 계책입니다. 최후의 계책을 사용하기 전에 첫 번째 계책으로 '꼴도 보기 싫은 사람과 잘 지내는 방법'을 알아두면 좋을 것 같습니다.

그런 사람과 잘 지내려고 억지로 고개 숙이고 비위 맞추면서 지내고 싶지는 않아요. 꼴도 보기 싫은 사람과 자연스럽게 잘 지내는 방법을 알려주세요.

연구 결과에 따르면 보통 사람을 미워하게 되면 세 가지 현상이 나타난다고 합니다.

1. 미워하는 사람과 눈을 마주치지 않는다.

2. 미워하는 사람에게는 절대 웃어주지 않는다.

3. 미워하는 사람과 말을 섞지 않는다. 혹은 칭찬하지 않는다.

꼴도 보기 싫은 사람과 잘 지내려면 위에 설명한 세 가지 현상을 반대로 실천하면 됩니다. 그 사람과 눈을 마주치며 웃어주고 칭찬을 많이 한다면 두 사람의 관계는 점점 긍정적으로 변할 것입니다. 그러나 꼴도 보기 싫은 사람에게 위의 세 가지를 실천하는 일은 쉽지 않습니다. 그 사람 앞에서 이런 행동을 하기 전에 거부감이 들고 스트레스만 받을 것입니다. 그래서 의식적으로 위와 같은 행동을 하기보다 무의식적인 영역을 활용해서 꼴도 보기 싫은 사람에 대한 거부감을 없애야 합니다.

무의식적인 영역이요? 그런 방법이 가능할까요?

무의식적인 영역을 활용하여 나의 행동이나 감정에 영향을 미치는 방법이 있습니다. 바로 '점화 효과(Priming Effect)'입니다. 점화 효과는 먼저 제시된 점화 단어(Priming Word)가 나중에 제시된 표적 단어(Target Word)의 해석에 영향을 미치는 현상을 말합니다. 점화 효과는 단어뿐만 아니라 무의식적으로 행동이나 감정에도 영향을 미칩니다. 즉 점화 효과를 활용하면 이전의 경험이

나 생각들이 무의식적으로 다음 행동에 영향을 줄 수 있습니다.

무의식적인 영역을 활용한다니 놀랍긴 하지만 믿어지지 않아요. 점화 효과를 활용한 실제 사례가 있나요?

점화 효과 연구 중 대표적인 사례는 사회심리학자 존 바그(John Bargh)와 동료들의 실험입니다. 이들은 뉴욕대학의 재학생을 실험 참가자로 모집하여 몇 개의 그룹을 만들었습니다. 그리고 그룹별로 단어 카드를 준 후 단어들을 조합해 네 단어로 된 문장을 만들어보라고 했습니다. 그런데 다른 집단과 다르게 한 집단에게는 '늙은', '은퇴한', '주름진' 등 노인을 묘사한 다른 단어 묶음을 주었습니다.

문장 만들기 실험을 마친 뒤 참가자들에게 복도 끝에 있는 다른 강의실로 이동하라고 했습니다. 그때 참가자들이 복도를 이동하는 시간을 몰래 측정했는데 놀라운 결과가 나왔습니다. 노인을 묘사한 문장을 만든 집단의 참가자들이 나머지 집단의 참가자들보다 훨씬 더 천천히 복도를 걸어갔습니다. 정말 신기하지 않나요? 왜 이런 현상이 생겼을까요?

혹시 천천히 걸으라고 몰래 명령을 내린 것은 아니었을까요? 노인을

묘사한 문장을 만들었다는 것만으로 천천히 걸어갔다니 정말 신기하네요.

실험을 조작했다면 이렇게 소개하기 어렵겠죠? 노인을 묘사한 단어 카드를 본 학생들은 무의식적으로 노인과 관련된 것을 인식했습니다. 그리고 자기도 모르게 노인의 모습을 상상했습니다. 그래서 복도를 걸을 때 '천천히 걷는다'라는 개념을 행동으로 적용한 것입니다.

점화 효과를 보여주는 또 다른 실험이 있습니다. 참가자를 두 집단으로 나눈 후 헤드폰을 쓰게 하였습니다. 참가자들에게 오디오 품질 테스트라고 실험 목적을 설명한 후 라디오 논평을 들려주었습니다. 이때 한 집단은 고개를 위아래로 끄덕이면서 논평을 들으라고 했고, 다른 집단은 좌우로 흔들면서 논평을 들으라고

했습니다. 사실 오디오와 헤드폰은 동일 제품이라 다른 점이 없습니다. 실험을 마친 후 참가자들에게 오디오 품질이 어떤지 물어봤습니다.

실험을 한 결과, 고개를 위아래로 끄덕인 사람들은 음질이 좋다고 평가했고, 고개를 좌우로 흔든 사람들은 나쁘다고 평가했습니다. 참가자들은 무의식적으로 거부와 수용 의사를 몸짓과 연관 지어서 설명하였습니다. 이 실험을 통해 단순하고 흔한 몸짓도 생각과 감정에 무의식적으로 영향을 미친다는 것을 알 수 있습니다.

이전에 소개한 복도 실험도 놀라웠는데 단순한 몸짓이 내 생각이나 감정에 영향을 준다니 더욱 놀랍네요. 학교에서 긍정적인 대답을 원하는 설문을 할 때 활용해도 좋을 것 같아요.

자칫하다 객관성을 잃을 수 있으니 신중하게 활용하길 바랍니다. 마지막으로 실생활에서 활용한 실험을 소개하겠습니다. 영국의 A 사무실에서는 여러 해 동안 '양심 상자'에 직접 돈을 내고 차나 커피를 마시는 규칙이 있었습니다. 양심 상자 위에는 권장 가격표가 붙었는데, 바로 위에 두 종류의 그림을 주마다 번갈아서 붙였습니다. 어떤 경고나 설명 없이 한 주는 꽃 그림을 다른 한 주는 누군가를 지켜보는 듯한 눈 그림이었습니다.

10주 동안 실험을 진행한 결과 양심 상자에 모인 금액은 확연히 달랐습니다. 사람들은 꽃 그림보다 눈 그림을 붙인 날에 평균 세 배에 가까운 돈을 상자에 넣었습니다. 누군가가 지켜본다는 상징만으로 사람들의 무의식을 자극했고, 그 자극이 행동을 이끌

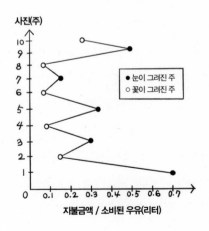

었습니다.

처음에 점화 효과로 무의식적인 영역을 활용할 수 있다고 했을 때 믿기지 않았는데 설명을 들으니 충분히 가능할 것 같아요. 점화 효과를 활용하면 내 감정이나 행동도 무의식적으로 바꿀 수 있을 것 같아요.

맞습니다. 점화 효과를 활용하면 내가 싫어하는 사람에 대한 감정이나 행동을 무의식적으로 바꿀 수 있습니다. 점화 효과를 활용해 꼴도 보기 싫은 사람과 관계를 개선하는 방법을 소개하겠습니다.

우선 꼴도 보기 싫은 선생님을 만나기 전에 심호흡을 크게 하고 '편안하다, 유쾌하다, 예의 바르다' 등 긍정적인 단어를 떠올립니다. 그리고 꼴도 보기 싫은 선생님과 긍정적인 단어를 연계하여 생각합니다. 예를 들어 옆 반 선생님이 꼴도 보기 싫은 사람이라면 '우리 옆 반 선생님을 만나면 편안해', '옆 반 선생님은 유쾌해'라고 생각하면 됩니다. 마지막으로 꼴도 보기 싫은 선생님과 긍정적인 단어를 연계할 때 고개를 위아래로 끄덕여봅니다. 처음에는 어색하고 이상하게 느낄 수 있습니다. 그리고 괜한 행동을 하는 것은 아닌지 의심이 들 때도 있습니다. 하지만 꼴도 보기 싫은 사람을 만나기 전에 이러한 행동을 반복하면 상대방에 대한 나의 태도가 조금씩 변한다는 것을 느낄 것입니다.

점화 효과를 활용한 후 꼴도 보기 싫은 사람을 대하는 내 모습이 바뀌게 될지 궁금하네요. 어렵고 불편하겠지만 눈 딱 감고 한 번 도전해보겠습니다. 사실 누군가를 미워하면 저만 손해더라고요.

17세기 스페인 작가 그라시안(Gracián)은 다음과 같은 말을 했습니다.

"싫어하는 사람을 상대하는 것도 하나의 지혜다."

저는 학교에서 불편한 사람이나 마음에 맞지 않는 사람이 있으면 상대하지 않으려고 노력했습니다. 최대한 만남을 피하고 마주치면 대충 인사하는 시늉만 하며 지냈습니다. 그런데 시간이 지날수록 그런 행동으로 피해받는 것은 나 자신이라는 것을 깨달았습니다.

상대방을 미워하는 마음은 삶에 도움이 되지 않을뿐더러 본인만 괴로울 뿐입니다. 어차피 꼴도 보기 싫은 사람은 변하지 않습니다. 심지어 그 사람에게 좋은 말로 지적하거나 조심스럽게 단점을 이야기해도 변하기 쉽지 않습니다. 그러므로 내 마음을 바꾸는 것이 훨씬 효과적입니다. 내 마음이 변하면 내 행동도 긍정적으로 바뀌게 됩니다. 그리고 나를 대하는 상대방의 모습도 변할 것입니다. 점화 효과를 활용해서 꼴도 보기 싫은 사람과 잘 지내는 방법을 활용해보기 바랍니다.

동료와 틀어진 관계,
되돌릴 수 있나요?

인지 부조화 이론(벤저민 프랭클린 효과)

어젯밤, 같은 학교 선생님과 학생 지도와 관련하여 사소한 의견 충돌이 있었는데 이전과 다르게 누구도 양보하지 않는 대화가 계속되었습니다. 결국 그 일로 서로 오해가 생겼고, 3일 동안 서로 한마디도 하지 않았습니다. 참다못한 제가 먼저 대화를 시도했습니다. 하지만 그분은 건성으로 대답하고 제 눈조차 쳐다보지 않았습니다. 너무 화가 나지만 화를 내면 상황만 더 나빠질까 걱정되어 이러지도 저러지도 못하고 있습니다. 관계를 개선하려면 일단 대화를 시작해야 하는데 대화조차 하지 못하니 답답합니다. 동료와 틀어진 관계, 어떻게 하면 되돌릴 수 있나요?

☐ 상대방이 무례하네요. 화해하지 마세요. 시간 낭비입니다.

☐ 동료 선생님이 좋아할 만한 선물을 준비해서 화해하는 것은 어떤가요?

☐ 동료 선생님에게 작은 부탁을 해서 나에게 호의를 베풀도록 해보세요. 분명 나에 대한 태도가 달라질 것입니다.

직장생활을 어렵게 하는 것은 무엇일까요? 업무, 월급 등 다양한 대답이 나오겠지만 직장생활을 어렵게 하는 것은 '일'보다 사람과의 '관계'인 경우가 많습니다. 운전을 처음 배운 초보자도 시간이 지나면 능숙해지듯 일은 시간이 지나면 능숙해집니다. 하지만 관계는 일과 다르게 시간이 지난다고 좋아지지 않습니다. 사람들과 원만한 관계를 맺으려면 원만한 관계를 맺는 방법을 배우고 연습해야 합니다.

원만한 관계 맺는 방법은 책이나 유튜브에서 많이 배웠어요. 그리고 연습도 많이 했고요. 그런데 방법을 알아도 적용하기 쉽지 않더라고요. 특히 사연자처럼 사소한 오해로 갈등이 생기면 풀기 더 어렵더라고요.

사소한 오해로 상대방과 관계가 어긋나면 바로 해결해야 합니다. '시간이 해결해주겠지'라는 안일한 생각은 버려야 합니다. 물론 관계 개선을 위해 지나치게 애쓸 필요는 없습니다. 나를 싫어하는 사람과 억지로 관계를 개선하는 데 에너지를 쓰지 말고 나를 좋아하는 사람에게 더 집중하는 편이 좋습니다. 그러나 상대방과 사소한 오해로 생긴 갈등이라면 관계 개선을 위해 노력해야 합니다.

관계를 개선하는 좋은 방법이 있나요? 상대방에게 먼저 다가가서 사과하거나 선물을 주는 방법은 어떤가요?

나에게 명백한 잘못이 있다면 먼저 다가가서 사과하는 것이 좋습니다. 그러나 사소한 오해나 의견 충돌로 생긴 갈등은 누구의 잘못도 아닙니다. 이런 경우 내 자존심을 건드리지 않는 범위에서 좀 더 능숙하게 관계를 개선해야 합니다. 이번 시간에는 능숙하게 관계를 개선하는 방법으로 '벤저민 프랭클린 효과(Benjamin Franklin Effect)'를 소개하고 싶습니다.

벤저민 프랭클린이라면 미국의 100달러 지폐에 등장하는 인물 아닌가요? 정치인으로 알고 있는데 어떤 효과를 말하는 건가요?

벤저민 프랭클린은 다재다능해서 많은 분야에서 큰 업적을 남겼습니다. 그런데 프랭클린이 정치 활동을 할 때 틈만 나면 자신을 험담하는 반대파 의원이 있었습니다. 프랭클린은 그와 관계를 개선하고 싶지만 비굴하게 자신을 낮추면서 호감을 사고 싶지 않았습니다. 그런데 어느 날 프랭클린은 반대파 의원이 귀한 책을 소장하고 있다는 소식을 듣게 되었습니다. 그래서 그에게 책을 빌려달라는 정중한 편지를 보냈습니다.

반대파 의원은 프랭클린이 마음에 들지 않았습니다. 그러나 책을 빌려주는 일이 그리 어려운 부탁도 아니고, 정중한 편지도 받았기에 선뜻 책을 빌려주었습니다. 일주일 후 프랭클린은 그 의원에게 대단히 감사하다는 편지와 함께 빌린 책을 돌려주었습니다. 그런데 책을 돌려준 후 프랭클린에 대한 반대파 의원의 태도가 달라졌습니다. 예전과 다르게 그 의원은 무척 친절한 태도로 프랭클린을 대했다고 합니다. 그리고 둘 관계는 개선되어 각별한 우정을 나누는 사이가 되었다고 합니다.

책을 빌려준 후 갑자기 친절하게 대했다고요? 너무 뜬금없고 이해가 되지 않아요. 반대파 의원의 태도가 왜 달라진 건가요?

사실 우리가 흔히 알고 있는 사실과 다르게 사람들은 자신에게 호의를 베푼 사람보다는 자신이 호의를 베푼 사람을 더 좋아하는 경향이 있다고 합니다. 벤저민 프랭클린은 관계가 좋지 않은 사람과 친해질 때 이러한 심리적 기제를 자주 활용했는데 이러한 현상을 벤저민 프랭클린 효과라고 합니다.

보통 관계 개선을 원하는 사람이 호의를 베풀지 않나요? 반대로 호의를 베풀게 했는데 어떻게 관계가 개선될 수 있나요?

　그 의원의 행동을 설명하려면 '인지 부조화 이론(Cognitive Dissonance Theory)'을 알아야 합니다.

　사람들은 자신의 마음과 행동이 서로 모순되는 불균형 상태에 놓이면 불편함을 느낍니다. 그리고 이런 불균형 상태를 해소하기 위해 기존의 태도나 행동을 변화해야 하는데 이런 현상을 인지 부조화라고 합니다. 인지 부조화 이론에 따르면, 사람들은 자신들의 믿음이 틀린 것으로 드러났을 때 잘못된 믿음을 인정하기보다는 그 믿음에 반대되는 증거를 부정함으로써 현실을 자신에게 유리하게 왜곡한다고 합니다.

　믿음에 반대되는 증거를 부정한다는 말이 선뜻 와닿지 않아요. 이해하기 쉽게 설명해줄 수 있나요?

미국의 심리학자 레온 페스팅거(Leon Festinger) 교수의 연구를 통해 인지 부조화 이론을 살펴보겠습니다. 페스팅거 교수는 사이비 종교집단을 연구하면서 인지 부조화 이론을 발견했습니다.

1957년 11월 미국 미니애폴리스 주에 거주하는 의대 교수 매리언 키치와 그녀의 UFO 동호회 친구들에게 한 통의 편지가 배달되었습니다. 편지 내용은 그해 12월 21일 자정에 대홍수가 날 것인데 '사난다'라는 신을 믿는 사람만 구원받을 수 있다는 내용이었습니다. 이 편지를 받은 사람들은 하나의 종교를 만들어 종말을 준비했습니다. 소문은 가까운 미네소타대학의 심리학자 페스팅거에게도 알려졌습니다. 이 소문을 들은 페스팅거는 만약 예언의 날에 지구가 멸망하지 않으면 신도들이 어떤 반응을 보일지 궁금했습니다. 그래서 그는 지구의 종말설을 믿는 사이비 종교집단에 몰래 잠입하여 신도들을 관찰했습니다. 신도들은 집도 팔고 직장도 그만두고 돈도 다 써버린 채 지구 멸망의 날만 기다리고 있었습니다. 시간이 흘러 예언했던 종말의 날이 다가왔습니다. 교주와 신도들은 자정이 지나도록 초조하게 기다렸지만 아무 일도 일어나지 않았습니다.

인류에게는 다행스러운 일이지만 신도들은 실망감이 컸겠네요. 그 후 신도들은 어떻게 행동했나요? 제가 만약 신도였다면 너무 황당하고 창피해서 당분간 집에 혼자 있을 것 같아요.

저도 마찬가지입니다. 그런데 그날 이후 페스팅거는 이상한 현상을 발견했습니다. 종말설이 거짓으로 들통난 이후 신도들의 믿음이 더 강해졌습니다. 한동안 안절부절못하던 신도들은 이 해프닝을 취재하러 온 기자들과 인터뷰를 하기 시작했습니다. 그리고 "우리의 믿음이 지구의 종말을 막았다", "신도들의 기도를 듣고 신께서 세상을 구했다"라고 주장했습니다. 신도들은 자신의 행동과 믿음이 헛되지 않았음을 증명하기 위해 몇 날 며칠 동안 언론과 수십 건의 인터뷰를 했습니다.

이전에 설명한 인지 부조화 이론이 이제 이해가 됐어요. 신도들은 믿음에 반대되는 증거인 '종말설은 거짓이다'라는 사실을 부정함으로써 현실을 자신에게 유리하게 왜곡했던 거였네요.

맞습니다. 신도들은 이전에 이미 모든 것을 바친 상태였습니다. 그래서 자신들의 인식에 부조화가 일어나도 행동을 바꿀 수는 없었습니다. 왜냐하면 자신의 실수를 인정하기에는 너무나 고통이 컸기 때문입니다. 이 사건을 통해 페스팅거는 인간은 합리적인 존재라기보다는 합리화하는 존재라고 주장하면서 인지 부조화 이론을 설명했습니다.

설명을 들으니 인지 부조화 현상은 일상생활에서 자주 발견할 수 있는 것 같아요.

인지 부조화 현상은 일상생활에서 자주 나타납니다. 우리는 흡연이 건강을 해치며 주변 사람들에게도 좋지 않은 영향을 준다는 것을 알고 있습니다. 그래서 애연가들은 한 번쯤 금연을 결심합니다. 하지만 금연은 쉽지 않고 매번 실패하게 됩니다. 이때 그들은 '내 의지가 부족해'라는 생각보다는 '담배 참는 스트레스가 몸에 더 좋지 않아', '담배 피워도 오래 사는 사람이 많아'라는 평계를 내세웁니다. 이렇게 나의 행동을 정당화하는 생각을 통해 인지 부조화를 해결합니다. 이 외에도 내가 원하지 않는 물건을 사거나 불필요한 지출을 할 때도 인지 부조화 현상은 자주 일어납니다. 믿음과 현실이 다르다는 것을 깨닫는 순간 인지 부조화 현상은 매번 일어나기 마련입니다.

벤저민 프랭클린 효과가 왜 인지 부조화 이론과 연관이 있는지 알 것 같아요. 책을 빌려준 반대파 의원도 인지 부조화가 일어난 거군요.

반대파 의원은 프랭클린에게 나쁜 감정을 품고 있었습니다. 하지만 프랭클린이 책을 빌려달라고 부탁하자 그 부탁을 들어주었습니다. 왜냐하면 책을 빌려주는 일이 어려운 일도 아니고, 같은 의원이 공손한 편지로 부탁했기 때문입니다. 그런데 이렇게 호의를 베풀고 난 후 그 의원은 심리적 갈등을 겪게 되었습니다. 심리적으로는 프랭클린을 미워해야 하는데, 행동으로는 프랭클린에게 호의를 베푸는 모순적인 일이 일어난 것입니다. 결국 그에게는 마음의 균형이 깨진 인지 부조화 현상이 일어났습니다. 이러한 부조화를 해결하고 마음의 균형을 얻으려면 심리적 상태와 행동이 일치해야 합니다.

심리적 상태와 행동이 일치하기 위해 반대파 의원은 어떤 방법을 선택했나요?

인지 부조화를 해결하는 방법은 두 가지가 있습니다. 프랭클린에게 빌려준 책을 다시 찾아오거나, 프랭클린이 나쁜 사람이 아니라고 생각하는 것입니다. 그 의원은 프랭클린에게 빌려준 책을 다시 찾아오는 것보다 자신의 생각을 바꾸는 일이 쉽다고 생각했습니다. 그래서 프랭클린을 호의적으로 대하기 시작했고 이후 마음의 균형을 얻었습니다.

이야기를 들으면 '사람 마음은 알다가도 모르겠다'라는 말이 생각나네요. 그동안 저는 관계를 회복하기 위해 매번 베풀기만 했거든요. 그러면 이제부터 관계가 틀어졌을 때 상대방에게 베풀기보다 무엇인가를 부탁하면서 관계를 개선하면 되나요? 동료 교사와 틀어진 관계를 회복하는 구체적인 방법을 알려주세요.

인지 부조화 이론을 활용하면 관계를 회복할 수 있습니다. "선생님 혹시 지도서 좀 빌려줄 수 있나요?"와 같이 동료 선생님이 거절하기 어려운 작은 부탁을 시도하면 됩니다. 이러한 작은 부탁으로 그 선생님에게 인지 부조화를 유도합니다. 아무리 사이가 좋지 않아도 동료 교사의 작은 부탁을 거절하기는 어려울 것입니다. 그리고 지도서를 돌려줄 때 정중한 표현으로 고맙다는 말을 하거나 쪽지를 남깁니다. 이러한 방법으로 거리를 좁힌 후 대화를 시도하면 갈등을 해결하는 데 도움이 될 것입니다. 누군가와 관계가 틀어졌다면 무조건 사과하거나 베풀려고 하지 말고, 한 번쯤 작은 부탁을 통해 마음의 거리를 좁혀보길 바랍니다.

학생이나 연인과의 관계에서도 갈등이 생기면 인지 부조화 이론을 활용해야겠어요. 선생님도 인지 부조화 이론을 경험한 적 있나요?

사실 이 방법은 제 아이가 자주 활용하고 있습니다. 이제 겨우 다섯 살이지만 밥을 먹거나 동생과 놀 때 종종 말썽을 피워 저를 화나게 합니다. 그런데 자신이 잘못한 것 같으면 항상 저에게 '안 아달라', '목마르니 물을 달라'라는 작은 부탁을 합니다. 그러면 저는 어쩔 수 없이 아이의 부탁을 들어줍니다. 그런데 부탁을 들어주면 처음에 가졌던 제 화가 누그러지고 차분하게 아이와 대화를 하게 됩니다. 참 신기하지 않나요? 겨우 다섯 살인 딸아이는 인지 부조화 이론을 알지 못합니다. 하지만 본능적으로 자신의 작은 부탁을 들어주면 제가 화를 덜 낸다는 것을 아는 것 같습니다.

학교에서 학생과 관계가 틀어졌다면 학생을 달래기보다 학생에게 작은 부탁을 하기 바랍니다. 작은 부탁을 통해 학생의 인지 부조화를 일으켜 마음의 거리를 좁힌다면 학생과의 관계가 원만해질 것입니다. 누군가와 관계가 틀어졌을 때 그리고 마음의 거리를 좁히고 싶을 때 작은 부탁을 통한 인지 부조화를 활용해보세요.

꼰대라는 말이 듣기 싫어
후배들을 멀리하고 있습니다

투사, 5:1 법칙

초임 교사 시절이 엊그제 같은데 어느덧 마흔을 바라보고 있습니다. 요즘은 어디를 가든 선배 교사보다 후배 교사가 더 많이 보입니다. 그래서 '입은 닫고 지갑은 열라'라는 말을 명심하며 지내고 있습니다. 그런데 주위를 둘러보면 제가 예전에 했던 실수를 반복하는 후배 교사들이 보입니다. 걱정되는 마음에 조심스럽게 다가가 조언을 하는데 어제 충격적인 말을 들었습니다.

"선생님 그렇게 하면 꼰대라는 말을 들어요."

친한 후배의 말이 아직도 머릿속에 맴돕니다. 이전에 제가 했던 실수라서 걱정되는 마음에 조언했는데 꼰대라는 소릴 듣다니 정말 속상합니다. 평소에 수평적인 관계를 추구하고, 스스로 권위 의식은 없다고 생각했기에 꼰대라는 단어는 저에게 엄청난 충격이었습니다. 그래서 요즘에는 후배 교사들을 멀리하고 있습니다. 꼰대라는 말이 듣기 싫어 조언이나 충고를 하지 않고 후배들을 멀리하고 있는데 이대로 지내도 괜찮은가요?

□ 잘하고 있어요. 후배들 신경 쓰지 마세요. 나한테 피해만 없으면 되죠.

□ 꼰대라는 말이 무섭다고 가만히 있으면 안 됩니다. 눈치 보지 말고 따끔하게 말하세요.

□ 필요하면 조언해야죠. 그런데 후배에게 하는 조언이 나를 위한 것인지 상대방을 위한 것인지 먼저 생각해보는 것이 좋을 것 같아요.

'꼰대'라는 말을 들었을 때 사연자의 기분이 어땠을까요? 아마 썩 유쾌하지 않을 것 같습니다. 그런데 친한 후배도 사연자처럼 걱정스러운 마음에 조심스럽게 다가가 "그렇게 하면 꼰대라는 말을 듣는다"라는 말을 하지 않았을까요? 내가 싫은 건 다른 사람도 똑같이 싫을 수 있습니다. 선생님의 조언을 듣는 사람도 어쩌면 지금 선생님이 느꼈던 마음과 똑같을 가능성이 큽니다.

생각해보니 그럴 수 있겠네요. 그런데 조언이 필요한 경우 어떻게 하면 좋을까요? 꼰대라는 말이 무서워 그냥 눈 감고 참으면서 가만히 있으면 되나요?

누군가 잘못된 결정을 하면 말리고 싶은 마음이 들 수 있습니다. 그리고 누군가를 돕고 싶은 순수한 마음에 조언을 할 수 있습니다. 그러나 안타깝게도 대부분의 조언은 의도와는 다르게 해석되기 쉽습니다. '잘해야 본전'이라는 말과 다르게 조언은 잘해도 손해입니다. 꼰대라는 말을 듣기 싫으면 상대방에게 조언보다 격려나 응원을 하는 것이 좋습니다.

저도 누군가에게 조언을 들으면 거부감이 생겨요. 심지어 부모님이 말해도 마찬가지고요. 왜 조언을 들으면 받아들여지지 않고 반발심이 생길까요?

사람은 누구나 자신이 정한 기대치에 부응하는 삶을 살고자 노력합니다. 그런데 누군가에게 비판받거나 조금이라도 쓴소리를 듣게 되면 자신의 자아와 정체성에 엄청난 위협으로 받아들입니다. 그래서 조언을 들으면 본능적으로 방어적인 자세를 취하게 됩니다. '모르는 게 약'이라는 말처럼 이런 본능적인 반응은 우리 마음이 상처받는 것을 막아줍니다.

그리고 상대방의 조언을 듣는다는 것은 나의 말이나 행동을 고치겠다는 암묵적인 동의입니다. 그런데 말이나 행동을 고치는 일 또한 쉬운 일이 아닙니다. 그리고 조언을 들을 때 감정 숨기기, 적극적으로 반응하기, 경청하기 등으로 많은 에너지를 소모해야 합니다. 또한 조언을 적용하기 위해 머리를 쓰거나 행동하려면 더 많은 에너지가 필요합니다. 사는 것 자체도 힘든데 조언을 들으면서 더 큰 힘을 쓰니 거부감이 드는 것은 당연합니다.

제 심정을 대변하는 것 같네요. 그런데 조언을 듣지 않는 이유가 한 가지 더 있어요. 솔직히 조언하는 사람이 자신의 관점에서만 생각하고 이야기하니 조언이 쓸모없는 경우도 많아요.

사람은 자신의 경험을 바탕으로 자신만의 관점에서 세상을 바라봅니다. 그런데 조언은 내 관점에서 바라본 생각이나 입장을 상대방에게 적용하는 것입니다. 심리학에서는 이를 '투사(Projection)'라고 하는데 프로이트는 투사를 "자신의 희망을 다른 사람에게 추구하는 심리이다"라고 말했습니다. 결국 조언은 나의 희망을 상대방에게 투사하는 것이기 때문에 상대방에게는 도움이 안 될 가능성이 큽니다. 누군가를 도와주기 위해 조언했는데 그

조언이 도움이 되지 않거나 방해가 된다면 이후 나에 대한 신뢰감을 잃고 오히려 거부감만 생기게 될 것입니다.

그렇다면 진심으로 누군가를 돕고 싶으면 어떻게 하면 좋을까요? 상대방이 계속 잘못하고 있는데 격려나 응원을 할 수는 없잖아요.

우선, 누군가를 진심으로 돕고 싶다면 도움이 필요한 상대방의 말을 귀담아들어야 합니다. 그리고 상대방의 입장에 서서 그의 관점을 이해하려고 노력해야 합니다. 즉 '적극적인 경청'을 해야 합니다. 물론, 남의 말을 귀담아듣기란 쉬운 일이 아닙니다. 왜냐하면 상대방의 이야기를 경청하려면 비언어적·언어적 표현을 사용해서 공감하고 때론 자기 입장도 포기하며 참아야 하기 때문입니다. 내 생각과 다른 의견이 나오면 끼어들면서 이야기하고 싶지만 무조건 참아야 합니다. 적극적인 경청을 하려면 상대방에게 '난 네 편이야. 너의 생각을 존중해'라는 태도를 끊임없이 보여줘야 합니다.

사실 상대방의 말을 경청하라는 말은 정말 많이 들었어요. 그런데 상대방의 말을 계속 들어주기만 하나요? 그렇다면 조언은 언제 할 수 있나요?

이야기를 듣다 보면 '너는 어떻게 생각해?' 등과 같이 상대방이 나에게 조언을 바라는 경우가 있습니다. 이때 조심스럽게 내 생각을 말해주면 됩니다. 그리고 내 생각을 말할 때 '5:1 대화 법칙'을 활용하면 조언에 대한 거부감을 줄일 수 있습니다.

5:1 대화 법칙이요? 처음 들어보는데 어떤 법칙인가요?

5:1 대화 법칙은 미국의 심리학자 존 가트맨(John Gottman) 박사가 부부의 대화를 관찰하면서 발견한 법칙입니다. 그는 부부의 대화를 관찰하는 것만으로 5년 안에 헤어질지 아닐지를 예측할 수 있다고 말했습니다. 실제로 그는 10년간 700쌍 이상의 부부를 관찰했는데 이혼 적중률은 무려 95퍼센트에 가까울 만큼 높았습니다. 이 연구를 통해 그는 이혼하는 부부에게는 특징적인 대화방식이 있다는 것을 밝혔습니다.

왠지 알 것 같아요. 5:1 대화 법칙은 긍정적인 표현을 5번 사용하고, 부정적인 표현을 1번 사용하는 대화 법칙인 것 같아요.

맞습니다. 카트맨 박사의 연구에 따르면 대화 중에 긍정적인 상호작용과 부정적인 상호작용의 비율을 5:1 정도로 유지하는 부부는 10년 뒤에도 가정이 잘 유지됐다고 합니다. 그런데 부정적 상호작용의 비율이 늘수록 부부가 이혼하거나 불행하게 살고 있다고 합니다. 5:1 대화 법칙은 행복한 관계를 유지하기 위한 가장 간명하고 중요한 원칙입니다.

긍정적인 표현과 부정적인 표현의 비율이 너무 극단적인 것 같아요. 긍정적인 표현을 다섯 배나 하는 이유가 있나요?

사람은 부정적인 정보에 더 예민한 반응을 보입니다. 그래서 부정적 정보를 덮으려면 더 많은 긍정적 정보가 필요합니다. 물론 긍정의 비율이 꼭 다섯 배를 말하는 것은 아닙니다. 넘어도 상관없습니다. 그리고 대화의 내용이 칭찬과 비난으로 정해진 것은 아닙니다. 격려와 충고, 응원과 조언, 인정과 반박 등 상대방과 대화할 때 긍정적인 상호작용과 부정적인 상호작용의 비율을 5:1로 맞추면 됩니다.

그리고 또 하나 중요한 규칙이 있습니다. 조언과 같은 부정적인 상호작용이 상대방에게 고마움으로 느껴지도록 하려면 조언하기 전에 격려와 응원 같은 긍정적 상호작용이 다섯 번 이상은 있어야 합니다. 즉 조언을 먼저 하고 그 뒤에 격려와 응원을 하는 것은 소용없습니다. 격려와 응원을 다섯 번 이상 말한 다음 조언을 해야 합니다.

정말 어렵네요. 꼰대라는 말을 듣지 않으려면 조언을 하지 않는 것이 좋겠어요. 꼭 조언이 필요한 상황이라면 5:1 대화 법칙을 기억해서 사용해야겠네요.

저도 사연자처럼 초임 교사 시절이 엊그제 같은데 어느덧 마흔을 바라보고 있습니다. 그리고 학교에서 제가 예전에 했던 실수를 똑같이 하는 후배 교사들이 보입니다. 예전에는 후배 교사에게 당연하다는 듯이 조언했지만, 요즘은 조언하기 전에 잠시 멈추고 생각해봅니다.

'내 관점에서 바라본 생각이나 입장을 상대방에게 적용하는 것은 아닌가?'

'상대방을 위한 것이 아니라 그냥 내 마음에 들지 않는 것은 아닌가?'

'후배 교사에게 조언할 정도로 충분한 관계가 형성되었는가?'

그리스 철학자 탈레스는 "세상에서 가장 쉬운 일은 남에게 충고하는 일이고, 가장 어려운 일은 자기 자신을 아는 일"이라고 말했습니다. 남에게 조언하기 전에 내가 어떤 마음으로 조언하는지 살펴보길 바랍니다.

첫인상을 망쳤습니다.
전 찍힌 건가요?

초두 효과, 빈발 효과

"선생님 어디예요? 아침에 교무실에서 모이기로 했잖아요."

출근하는 첫날부터 지각을 했습니다.

'이왕 늦은 거 어쩔 수 없지'라는 생각으로 학교에 출근했습니다. 아이들이 하교한 후 선생님들은 다시 교무실에 모였습니다. 선생님들에게 첫날부터 지각해서 죄송하다고 말했습니다. 그런데 저를 바라보는 선생님들의 눈빛이 좋아 보이지 않습니다. 지각 때문에 첫인상을 망친 것 같습니다. 설마 첫인상 때문에 저를 계속 부정적으로 생각하지는 않겠죠?

☐ 첫인상이 모든 것을 결정합니다. 당신의 학교생활은 망했습니다.

☐ 지각은 누구나 할 수 있습니다. 별일 없을 것 같으니 걱정하지 마세요.

☐ 첫인상은 중요합니다. 하지만 이제부터 늦지 않는 모습을 보여주면 좋은 이미지를 만들 수 있습니다.

'응답하라' 드라마를 본 적 있나요? tvN에서 방영한 드라마로 사람들에게 많은 인기를 끌었습니다. 시리즈별로 시대 상황이나 내용은 달랐지만, 드라마 모두 첫사랑이라는 주제는 같았습니다. 그리고 '첫사랑은 이루어지지 않는다'라는 법칙을 비웃듯이 주인공들은 모두 첫사랑을 이루었습니다.

그 드라마를 보면서 저도 첫사랑에 대한 추억이 떠올랐어요. 그런데 현실과 드라마는 다르잖아요. 드라마와 다르게 첫사랑은 이뤄지기 어려운 것 같아요. 그래서 첫사랑을 잊지 못하는 것 같고요.

맞습니다. 사람들은 실패한 첫사랑을 잊지 못하고 그 시절을 떠올립니다. 그런데 사람들은 왜 첫사랑을 잊지 못할까요? 사실 첫사랑뿐만 아니라 사람들은 첫 직장, 첫눈, 첫 만남 등 '첫'이라는 말이 붙으면 많은 의미를 부여합니다. 그리고 우리는 그 첫 번째 일들을 가장 또렷하게 기억합니다.

저도 '첫'이라는 말에 의미 부여를 많이 하는 것 같아요. 사람들은 왜 '첫'이라는 단어에 의미 부여를 많이 할까요?

그 이유를 찾기 위해 미국의 심리학자 솔로몬 애시(Solomon

Asch)의 재미있는 실험 하나를 소개하겠습니다. 그는 실험 참가자들을 모아놓고 A와 B 두 인물을 설명하는 단어를 보여주었습니다. 그리고 실험 참가자에게 두 인물의 성격이 어떤지 물어보았습니다.

A: 똑똑하고, 근면하고, 충동적이며, 비판적이고, 고집이 세며, 질투심이 강함.

B: 질투심이 강하고, 고집이 세고, 비판적이며, 충동적이고, 근면하며, 똑똑함.

결과는 어떻게 나왔을까요?

A의 성격이 더 좋다고 말했을 것 같아요. A를 더 긍정적으로 표현했잖아요.

대부분의 실험 참가자들은 A를 긍정적으로 평가했습니다. 그런데 두 인물의 설명을 자세히 살펴보면 설명하는 단어가 똑같습니다. 단지 순서만 바뀐 것입니다.

에! 자세히 살펴보니 A와 B를 설명하는 단어가 정말 똑같네요. 그런데

왜 A의 성격이 더 좋아 보일까요?

똑똑하고 근면한 사람의 고집과 질투심은 타당해 보이지만, 남을 질투하고 고집이 센 사람이 지적인 사람이라면 위험해 보입니다. 실제로 사람들은 긍정적인 표현을 먼저 들으면 그 사람에게 좋은 인상을 받게 되고, 부정적인 표현을 먼저 들으면 나쁜 인상을 받게 됩니다. 이렇게 먼저 제시된 정보가 나중에 제시된 정보보다 더 강력한 영향을 미치는데 이를 '초두 효과(Primacy Effect)'라고 합니다.

초두 효과 때문에 A의 성격이 더 좋아 보였군요. 그렇다면 초두 효과는 왜 일어나나요? 단순한 속임수인가요?

우선 초두 효과는 우리의 뇌가 가진 한계 때문에 일어납니다. 사람의 뇌는 살아가는 동안 수많은 정보를 처리하기 때문에 가능한 한 정보를 경제적으로 처리하려고 합니다. 그래서 처음 들어오는 정보를 활용하여 전반적인 인상을 형성하고, 이후에 들어오는 정보는 그에 맞추어 해석하는 경향이 있습니다.

다음으로, 사람들은 초반에 주어지는 정보에 더 주의를 기울이는 경향이 있습니다. 이러한 사람들의 성향도 초두 효과를 일으키는 원인이 됩니다.

이런 단순한 문제도 틀리는 걸 보니 초두 효과의 힘은 정말 강력한 것 같아요. 초두 효과를 알게 되니 누군가를 처음 만날 때 첫인상을 좋게 남겨야겠다는 생각이 들었어요.

상대방의 호감을 얻으려면 첫인상이 매우 중요합니다. 미국의 뇌과학자 폴 왈렌(Paul J. Whalen)의 연구에 따르면, 사람의 대뇌 중 편도체는 상대에 대한 호감과 신뢰를 0.1초도 안 되는 극히 짧은 순간에 평가하고 느낀다고 합니다. 또한 다른 연구에 따르면 첫인상은 3초면 결정된다고 합니다. 그리고 첫인상이 부정적이면 이를 뒤집는 데 200배의 정보량이 필요하다고 합니다. 그래서 첫인상은 매우 중요합니다.

사실 초두 효과는 몰라도 첫인상이 얼마나 중요한지는 사람들이 본능적으로 알고 있습니다. 그래서 첫 만남, 첫 면접 등 처음 누군가를 만날 때 최대한 자신의 멋진 모습을 보여주려고 노력합니다. 실제로 신입사원 면접 때 면접관들은 인사, 자세, 시선, 표정 등 첫인상으로 1차 판단을 합니다. 이후 질의응답을 하면서 재평가를 하지만, 대부분 첫인상이 좋은 사람에게 후한 점수를 주는 경향이 있습니다.

사연자가 걱정하는 이유를 알 것 같아요. 첫날부터 지각했으니 첫인상이 좋을 수 없잖아요. 그런데 사연자처럼 첫인상을 나쁘게 남기면 어떻게 해야 하나요?

처음에 지각하지 않고 첫인상을 좋게 남기면 좋았겠지만 이미 지나간 일입니다. 다행히 학교는 지하철이나 SNS 공간처럼 사람들이 잠깐 만나고 지나치는 공간이 아닙니다. 학교는 모든 구성원이 1년 이상 함께 지내는 공간입니다. 그러므로 첫인상만큼 만남의 과정도 굉장히 중요합니다. 아무리 첫인상에서 호감을 얻어도,

이후에 비호감인 모습을 보여주면 아무 소용이 없습니다.

초두 효과와는 정반대로 '빈발 효과(Frequency Effect)'가 있습니다. 빈발 효과는 첫인상이 좋지 않았더라도 이후 반복되는 행동이나 태도 등으로 첫인상이 바뀌는 현상을 말합니다.

면접이나 소개팅같이 짧은 시간에 깊은 인상을 남기거나 주도권을 잡아야 하는 자리에서는 첫인상이 매우 중요합니다. 하지만 학교는 다릅니다. 학교에서는 구성원들과 적어도 1년 동안 꾸준하게 마주칩니다. 그래서 학교에서는 강렬한 첫인상보다 좋은 인상을 꾸준히 남기는 것이 더 중요합니다.

생각해보니 앞에서 이야기한 '응답하라' 드라마도 주인공들의 첫 만남은 좋지 않았어요. 사연자처럼 첫인상이 좋지 않았더라도 실망할 필요가 없을 것 같아요.

'응답하라' 시리즈 모두 주인공들의 첫 만남은 좋지 않았습니다. 그래서 드라마 초반에 두 주인공은 상대방이 무엇을 하든 부정적으로 보았습니다. 그러나 주인공들은 계속 마주치고 대화하면서 서로에 대한 인상이 바뀌었습니다. 그리고 서로 호감을 키워나가고 마지막에는 행복한 결말로 끝났습니다. "인생은 드라마가 아니라 실전이다"라고 흔히 말하지만, 드라마에서 주는 교훈은 실전에도 통하는 것 같습니다. '응답하라' 드라마가 주는 교훈은 '역시 사람은 오래 만나봐야 안다'였습니다.

　첫인상이 좋지 않았더라도 실망하지 않길 바랍니다. 첫날 지각한 모습을 보여준 것은 아쉽지만 이미 지나간 일입니다. 마음을 다잡고, 다음부터 지각하지 않으면 됩니다. 그리고 성실한 모습을 꾸준히 보여준다면 첫인상으로 만들어진 선생님의 부정적인 평가는 달라질 것입니다.

상대방에게 호감을
얻고 싶습니다

같은 학교에 근무하는 선생님에게 호감이 있습니다. 처음 만났을 때 아이들의 눈높이에 맞춰 가르치는 모습과 시원시원한 성격이 마음에 들었습니다. 하지만 그 선생님과 친해지기 위해 제가 어떻게 하면 좋을지 모르겠습니다. 사실 그 선생님과 제대로 대화를 나눈 적도 없습니다.

일단 내 존재를 알리고 그 선생님에게 호감을 얻는 것이 중요한데 구체적으로 어떻게 하면 좋을지 모르겠습니다. 솔직히 저는 낯을 가리고 말주변이 없는 편입니다. 그래서 더 고민입니다. 혹시 상대방의 호감을 얻는 방법이 있을까요?

☐ 단순 호감이라도 학교 내 연애는 추천하고 싶지 않네요.

☐ 인생은 모 아니면 도 아닐까요? 우선 호감을 표시하고 데이트를 신청해보세요.

☐ 자주 보면 정이 든다고 합니다. 일단 그 선생님의 동선을 파악한 후 매일 가볍게 인사하며 마주쳐보세요.

학창 시절에 누군가를 좋아한 적 있나요? 그 시절 누군가를 좋아해본 경험이 있다면 좋아했던 사람을 한번 떠올려보길 바랍니다. 혹시 그 사람이 같은 반이거나 같은 학교인 경우가 많나요? 아니면 다른 반이거나 다른 학교인 경우가 많나요?

초등학교 시절까지 떠올리려니 기억이 정확하지 않지만 같은 반이거나 같은 학교인 경우가 많은 것 같아요.

저도 옛 기억을 떠올려보니 선생님과 마찬가지로 같은 반이거나 같은 학교인 경우가 많았습니다. 그런데 이상하지 않나요? 왜 학창 시절에 좋아하는 사람은 같은 반이거나 같은 학교인 경우가 많을까요? 그저 우연의 일치일까요? 아니면 뭔가 특별한 이유라도 있는 걸까요?

우연의 일치 아닐까요? 혹시 특별한 이유가 있다면 알려주세요.

피츠버그대학 리처드 모어랜드(Richard Moreland) 교수는 비슷한 수준의 외모를 갖춘 네 명의 여성을 고용한 후 그들에게 1학기 동안 대학교 교양 수업을 듣도록 하였습니다. 그리고 교수는 네 명의 여성 참가자에게 다음과 같은 지시를 내렸습니다.

A여성: 1학기 동안 출석하지 않기

B여성: 1학기 동안 5회 출석하기

C여성: 1학기 동안 10회 출석하기

D여성: 1학기 동안 15회 출석하기

한 학기가 끝나고 같은 수업을 들은 학생들에게 네 명의 여성 참가자들의 사진을 보여주며 매력도를 평가하게 했습니다. 그런데 그 교양 수업의 수강생은 200명이나 되었습니다. 그래서 서로 친분이 있지 않으면 수업 듣는 학생을 기억하기란 쉽지 않았습니다. 과연 여성들의 매력도 결과는 어떻게 나왔을까요?

여성들이 비슷한 수준의 외모였고 특별히 어떤 행동을 하지 않았다면 비슷하지 않을까요? 솔직히 200명이나 듣는 수업이라면 누구인지 잘 기억하지 못할 것 같아요.

교양 수업을 들었던 수강생들은 그 여성들과 거의 대화조차 하지 않았습니다. 그래서 네 명의 여성을 본 적이 있냐는 질문에 90퍼센트 이상의 수강생들이 기억하지 못한다고 응답했습니다. 그러나 이후 물어본 매력도 질문에서는 놀랍게도 D여성이 가장 매력적이라고 평가했습니다. 반대로 한 번도 출석하지 않은 A여

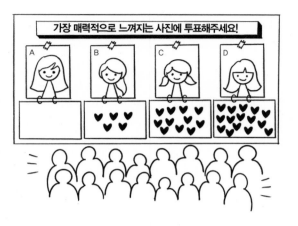

성의 매력이 가장 낮다고 평가했습니다. 결론적으로 수강생들은 출석을 몇 번 더하고 자주 마주쳤다는 이유로 D여성을 매력적이라고 평가한 것입니다. 이러한 사실을 바탕으로 모어랜드 교수는 의도적이든 아니든 우연히 누군가와 자주 마주칠수록 그 사람에게 호감이 간다는 사실을 밝혔습니다. 그리고 이러한 현상을 '단순 노출 효과(Mere Exposure Effect)'라고 불렀습니다.

지난주에 홈쇼핑에서 똑같은 제품 광고를 여러 번 봤어요. 처음에는 그 제품에 대해 아무런 생각이 없었는데 계속 보니 눈길이 가더라고요. 이것도 단순 노출 효과인가요?

단순 노출 효과는 사람들의 무의식을 자극하여 긍정적인 감정을 갖게 만들기 때문에 상업적으로 많이 활용되고 있습니다. 특히 홈쇼핑이나 광고에서 같은 제품이 반복적으로 나오는 현상을 자주 볼 수 있습니다. 자주 나올수록 엄청난 광고 비용이 들지만 그만큼 큰 효과를 볼 수 있어서 자주 활용되고 있습니다. 또한 정치인들이 언론과 토론회에 자주 등장해 주요 정책이나 주장을 반복적으로 말하는 경우가 있습니다. 이것 또한 대중을 설득하기 위해 단순 노출 전략을 이용하는 사례입니다.

단순 노출 효과를 들으니 '열 번 찍어 안 넘어가는 나무가 없다'라는 속담이 생각나네요. 선생님도 단순 노출 효과를 경험한 적 있나요?

저는 다섯 살 된 첫째 딸 때문에 매번 단순 노출 효과를 경험하고 있습니다. 아이는 차를 타거나 그림을 그릴 때 저에게 항상 '카봇', '티니핑' 같은 어린이 애니메이션 노래를 틀어달라고 합니다. 제 취향은 아니지만 아이의 요구 때문에 하루에 열 곡 이상은 억지로 듣게 됩니다. 처음 노래를 들었을 때 약간 유치하다는 생각과 함께 '내가 좋아하는 노래를 듣고 싶다'라고 생각했습니다. 그런데 계속 반복해서 듣다 보니 저도 모르게 노래를 따라 부르고 흥얼거리게 되었습니다. 결국 "처음에는 싫어하더니 아빠도 이

노래가 좋아?"라는 딸 아이의 질문에 "자주 들으니까 좋네"라고 대답해주었습니다.

단순 노출 효과를 활용해서 사연자의 고민을 해결하면 좋을 것 같아요. 좋아하는 선생님에게 호감을 얻으려면 그 선생님과 자주 마주치면 되지 않을까요?

아쉽게도 많이 노출된다고 무조건 친해지는 것은 아닙니다. 상대방이 나를 부정적으로 생각하면 단순 노출 효과는 나타나지 않고 오히려 부작용만 생길 가능성이 큽니다. 단순 노출 효과를 얻으려면 상대방이 나에 대해 적어도 중립적인 태도를 지녀야 합니다. 단순 노출 효과를 활용하기 전에 혹시 상대방과 좋지 않았던 경험이 있는지 생각해봐야 합니다.

생각해보니 비호감인 사람이 계속 제 주변에 보이면 더 싫을 것 같아요. 일단 상대방이 나를 어떻게 생각하는지 확인해야겠군요. 상대방이 나를 부정적으로 생각하지 않는다는 것을 알았다면 어떻게 다가가야 할까요?

첫째, '웃는 얼굴에 침 못 뱉는다'라는 속담처럼 웃는 얼굴에는 상대방도 함께 웃게 만드는 마법 같은 힘이 있습니다. 웃음은 긴장감을 완화하고 상대방과 대화할 수 있는 마음의 통로를 열어 줍니다. 너무 뻔한 말이지만 누군가에게 호감을 얻는 가장 좋은 방법은 웃음입니다. 웃음을 통해 나는 긍정적인 사람이라는 신호를 상대방에게 전해야 합니다.

둘째, 사람은 자신과 비슷한 점이 많은 상대에게 호감을 느낀다고 합니다. 비슷한 점이 많으면 대화 소재가 풍부해져서 마음이 편해집니다. 그리고 자연스럽게 대화를 지속할 수 있습니다. 또한 서로 마음에 맞는 소재가 많아서 친밀감이 생길 가능성이 큽니다. 호감을 얻고 싶은 사람이 있다면 나와 그 사람의 닮은 점을 찾아야 합니다.

자주 보면 익숙해집니다. 그리고 그 익숙함은 호감으로 연결될 가능성이 큽니다. 우연이든 필연이든 누군가의 호감을 얻고 싶다면 단순 노출 효과를 활용해보길 적절히 바랍니다.

PART 2

마음 키우기

06

외모 때문에
차별받고 있습니다

후광 효과

함께 발령받은 선생님 중 눈에 띄게 잘생긴 선생님이 있습니다. 주변에서 대놓고 차별하지는 않지만 누가 봐도 그 선생님을 더 잘 챙겨주는 것 같습니다. '뭐 사람 사는 게 다 그렇지'라고 생각하며 신경 쓰지 않으려 했습니다. 그런데 우리 반 아이의 한마디가 제 신경을 건드렸습니다.

"나도 잘생긴 선생님 반이었으면 좋을 텐데……."

아이한테 그런 말을 들으니 그동안 비교받던 일들이 생각나고 속상합니다. 외모가 그렇게 중요한가요? 혹시 외모를 뛰어넘는 매력이 있을까요?

☐ 외모가 전부는 아닙니다. 선생님의 다른 매력으로 어필하면 됩니다.

☐ 외모로 차별하는 것 같으면 즉시 화내세요. 그럼 말하지 않을 거예요.

☐ 외모지상주의라는 말이 있습니다. 태초부터 내려온 전통이니 그냥 '그 선생님이 복 받았네'라고 생각하며 잊으세요.

우리는 보통 사연자와 같은 일을 겪으면 '세상은 공평하지 않다'라는 생각을 할 수 있습니다. 하지만 잘 생각해보면 선생님도 상대방을 외모로 평가하고 공평하지 않은 판단을 할 수 있습니다. 학기 초 처음 학생들을 만났을 때 학생들의 외모를 전혀 보지 않았나요? 단정한 외모를 지니고 밝게 인사하는 학생을 만났을 때 그 학생은 교우관계나 학업성적 등 모든 면에서 뛰어날 거라고 성급하게 판단한 적은 없나요?

정말 뜨끔하네요. 살면서 한 번도 그런 적 없다고 말하기는 어려울 것 같아요.

심리학에서는 이런 현상을 '후광 효과(Halo Effect)'라고 부릅니다. 후광 효과는 한 대상의 두드러진 특성이 그 대상의 다른 세부 특성을 평가하는 데에도 영향을 미치는 현상을 말합니다. 비슷한 의미로 우리나라 속담에 '하나를 보면 열을 안다'라는 말이 있습니다.

후광이라는 용어는 자주 들었는데 후광 효과는 처음 들어보네요. 후광 효과는 누가 발견했나요?

후광의 사전적 의미는 '어떤 사물을 더욱 빛나게 하거나 두드러지게 하는 배경을 비유적으로 이르는 말'입니다. 이러한 후광 효과에 처음 주목하고 연구한 학자는 미국의 심리학자 에드워드 손다이크(Edward Thorndike)입니다. 그는 군대에서 장교들이 부하들을 평가하는 모습을 관찰하며 장교들의 평가 모습에 관한 실증적인 연구를 하였습니다. 우선 그는 장교들에게 병사들의 성격, 지능, 체력 등 다양한 능력을 항목별로 평가하도록 주문했습니다. 평가를 마친 후 그는 장교들의 평가 결과에서 놀라운 점을 발견했습니다. 이른바 잘생기고 키가 훤칠한 병사들은 성격과 지능 등 다양한 항목에서 모두 높은 평가를 받았고, 못생기고 왜소한 병사들은 모든 항목에서 낮은 평가를 받았습니다. 이를 바탕

으로 그는 이와 비슷한 연구를 진행했는데 결론적으로 외모뿐만 아니라 학벌, 직업 등 여러 면에서 후광 효과가 나타날 수 있다는 것을 발견했습니다.

외모라는 후광으로 군인의 자질을 판단하다니 너무해요. 군인들이 이 사실을 알면 너무 슬플 것 같아요. 그런데 실제로 사람들이 후광 효과의 영향을 많이 받나요?

사람들은 후광 효과의 영향을 많이 받습니다. 특히 이윤을 추구하는 광고나 소비 영역에서 후광 효과의 영향을 많이 받습니다. 실제로 이와 관련해서 재미있는 사례가 있습니다.

미국의 어느 출판사에서 마르코니(John Marconi)라는 저자의 책을 출판하면서, 판매할 책의 절반은 표지에 "하버드대학 고전서"라는 문구를 넣고, 나머지 절반의 책은 문구를 넣지 않았습니다. 그 결과 '하버드'라는 말이 들어간 책은 값을 두 배로 매겨도 잘 팔리는 반면에 그렇지 않은 책은 별로 잘 팔리지 않았습니다. 하버드라는 후광이 책 판매에 영향을 미친 것입니다.

하버드라면 엄청난 후광이 느껴질 것 같네요. 제가 쓴 책도 그런 후광이 있으면 더 잘 팔릴 것 같아요. 혹시 또 다른 사례는 없나요?

제가 이전에 즐겨 본 예능프로 〈속사정 쌀롱〉에서 후광 효과를 보여주는 실험을 했습니다. 그 실험에서 A라는 사람이 등장했는데 한 그룹에는 유명한 교수, 다른 그룹에는 대학원생이라고 소개했습니다. 그리고 두 그룹에게 A의 키가 몇으로 보이냐는 질문을 했습니다. 유명한 교수라고 소개받은 그룹은 평균적으로 A의 키를 더 크게 말했습니다. 유명한 교수라는 이유로 교수의 자질과 전혀 상관없는 키까지 높게 평가한 것입니다.

이처럼 우리는 일상생활에서 후광 효과를 매우 쉽게 볼 수 있습니다. 특히 우리나라는 후광 효과로 '학벌'이 많이 적용됩니다. 요즘에는 줄어들었다고 하지만 명문대를 다닌다고 하면 일단 그 사람을 다른 눈으로 보게 되고, '뭐든 잘할 것이다'라고 생각하는 경우가 많습니다. 교직 사회에서도 후광 효과의 영향이 다양하게 나타납니다. 학교에서는 사연자가 불평한 외모뿐만 아니라 학연, 배경 등 다양한 특성이 후광 효과로 나타납니다. 그래서 누군가를 평가할 때 그 사람의 후광을 중요하게 여기면 다른 것이 부족해도 좋은 평가를 줄 수 있습니다.

지금까지 이야기를 들어보면 후광 효과는 너무 불합리해요. 그래도 후광 효과로 이익을 본 사람은 긍정적으로 생각하겠네요.

후광 효과로 이익을 본 경우라면 그 효과를 긍정적으로 볼 수 있고, 손해를 본 경우라면 부정적으로 볼 수 있습니다. 그러나 후광 효과로 이익을 본 사람도 후광 효과를 경계해야 합니다. 왜냐하면 후광 효과는 일종의 선입견이자 편견이기 때문입니다.

우리가 사는 세상은 매우 복잡합니다. 그래서 인간의 제한된 인지 및 판단 능력으로는 모든 것을 명쾌하게 판단하기 어렵습니다. 결국 사람들은 자신이 생각하기에 명쾌하다고 여겨지는 부분에만 매달려 전체 모습을 판단하고, 나머지는 판단을 거부하거나 섣부르게 판단하는 오류를 범할 수 있습니다. 결국, 후광 효과로 인해 나쁜 판단을 하고 사회적으로 큰 폐해를 일으키는 고정관념에 휩싸일 수 있습니다. 그래서 사람들은 후광 효과에 빠지는 위험을 경계해야 합니다.

선생님의 설명을 들으니 후광 효과에 빠지지 않도록 조심해야겠어요. 그런데 아무리 조심해도 후광 효과의 영향에서 벗어나기는 쉽지 않을 것 같아요.

맞습니다. 후광 효과를 경계한다고 해도 100퍼센트 후광 효과를 벗어던지긴 쉽지 않습니다. 실제로 후광 효과로 인해 손해를 본 사람조차도 막상 다른 사람을 평가할 때는 후광 효과에 빠질 확률이 높습니다. 왜냐하면 상대방의 일부를 보고 다른 부분을 예단하는 것이 가장 효율적이고 신속한 방법이며 동시에 가장 수월하기 때문입니다.

그래도 학생들을 판단할 때 후광 효과의 영향을 받지 않도록 조심해야겠어요. 공정하게 판단하지 못하면 학생들에게 큰 피해를 줄 것 같아요. 후광 효과에 빠지지 않는 방법을 알려줄 수 있나요?

우선 '나는 아닐 거야'라는 생각을 피해야 합니다. 그리고 나도 그런 성향이 있다는 것을 명백히 인식하고 다른 사람을 평가할 때 후광 효과에 빠질 확률이 높다는 것을 알아야 합니다. 후광 효과를 듣고 '나는 그렇지 않아', '나는 그런 적 없어'라고 생각한다면 그 사람이야말로 가장 후광 효과에 약한 사람일 것입니다.

다음으로, 객관적인 사실만 보고 판단할 필요가 있습니다. 영화 〈살인의 추억〉을 보면 송강호의 육감 수사와 김상경의 과학 수사가 번번이 충돌합니다. 저는 개인적으로 배우 송강호를 매우 좋아하고, 그 배우가 등장하는 영화는 빠짐없이 챙겨 보고 있습니다. 하지만 후광 효과 면에서 본다면, 송강호식 육감 수사는 후광 효과의 부정적인 모습을 보여주는 대표적인 사례입니다. 영화 초반에 송강호가 용의자들을 하나하나 심문하는 장면을 떠올려보세요. 일용직 노동자, 주정뱅이, 사기꾼을 심문하다가 번듯하게 차려입은 회사원을 심문할 때가 되자 송강호는 자세부터 고쳐 잡습니다. 이 장면이 후광 효과를 보여주는 전형적인 사례입니다. 후광 효과에서 벗어나려면 김상경 배우의 과학 수사 같은 모습이 필요합니다. 영화 속 김상경은 꼼꼼히 살핀 문서와 행적을 바탕으로 합리적으로 수사하고, 이를 바탕으로 범인을 잡기 위한 판단을 합니다. 우리도 마찬가지입니다. 후광 효과를 피하려면 그 사람의 후광이 아니라 그 사람의 경력과 행적 등 객관적인 사실을 보면서 판단하는 태도가 중요합니다.

그럼 사연자처럼 후광 효과로 인해 피해를 받는 상황이라면 어떻게 하면 좋을까요?

내가 만약 후광 효과로 인해 피해를 봤다면 후광 효과를 비난하기보다 후광 효과를 이용하는 방법을 추천하고 싶습니다. 앞에서 소개한 선생님의 고민을 보면 외모 때문에 동료 선생님과 차별받는 느낌을 받는다고 했습니다. 그런데 외모는 성형수술을 하지 않는 이상 바꿀 수 없습니다. 그러므로 그 사람의 외모를 따라잡기 위해 불필요한 노력을 할 필요가 없습니다. 다행히 후광 효과는 외모뿐만 아니라 거의 모든 특성에 적용됩니다. 즉 평가하는 사람이 어떤 특성을 가장 중요하게 여기는지 눈여겨볼 필요가 있습니다. 학교에서는 수업, 학생 지도 등 나를 보여줄 수 있는 '빛나는 특성'이 다양하게 있습니다. 강성호 세계경영연구원 교수는 "가장 잘할 수 있는 것에 집중해 차별화를 실행하는 것이 곧 기업의 경쟁력입니다"라고 말했습니다. 선생님도 마찬가지입니다. 선생님이 가장 잘할 수 있는 것에 집중한다면 다른 선생님과 차별화될 것이고, 결국 경쟁력을 갖게 될 것입니다. 그렇게 된다면 결국 선생님도 후광 효과를 누리게 될 것입니다.

이번 이야기를 통해 후광 효과의 영향에서 벗어나 상대방을 객관적으로 판단하는 공정한 눈을 갖길 바랍니다. 이와 동시에 나만의 다른 매력을 어필해 후광 효과를 누려보는 여우 같은 지혜도 갖길 바랍니다.

운 좋게 잘되는 선생님을 보면
질투가 납니다

세린디피티의 법칙(준비된 우연의 법칙)

제 주변에는 별로 노력하지도 않는데 일이 다 잘 풀리는 선생님이 있습니다. 그 선생님은 매년 학년 배정이나 업무도 잘 받습니다. 그리고 보고서를 쓰거나 아이들 대회지도를 할 때 좋은 성과를 얻습니다. 항상 느끼지만 정말 운이 좋은 선생님입니다. 그 선생님과 비교하면 저는 운이 없는 편입니다. 솔직히 그 선생님보다 노력을 많이 하는데 결과가 좋지 않아 매번 화가 납니다. 왜 행운은 저를 외면하고 그 선생님에게만 갈까요? 행운을 얻는 비결이 있을까요?

☐ 세상은 원래 불공평합니다. 누군가에게 위로받으면 나아질 거예요.

☐ 가만히 기다리세요. 기다리는 자에게 복이 옵니다. 기다리면 언젠가 선생님에게 행운이 올 거예요.

☐ 준비하고 노력하지 않으면 행운이 와도 행운인지 모릅니다. 행운을 잡을 수 있게 최선을 다해 노력하세요.

여러분은 '행운'을 무엇이라고 생각하나요? 행운을 사전적 의미로 풀이하면 '행복한 운수', '좋은 운수'를 뜻합니다. 그렇다면 '운수'는 무엇일까요? 운수는 사전적 의미로 인간의 힘으로는 어쩔 수 없는 천운과 기수를 뜻합니다. 결국 행운은 인간의 능력을 초월해서 우연히 얻게 되는 운을 말합니다. 그런데 과연 행운이 사전적 의미처럼 인간의 능력을 초월해서 우연히 얻게 되는 운일까요?

잘 모르겠어요. 어떤 사람은 정말 우연히 행운을 얻는 것 같고, 또 어떤 사람은 노력이 뒷받침되어서 행운을 얻는 것 같아요.

행운은 예기치 못할 때 찾아오기 때문에 미리 준비하지 않으면 놓치기 쉽습니다. 우리가 알고 있는 행운은 단순한 우연이나 신의 은총이 아닙니다. 많은 행운은 99번의 실패를 딛고, 한 번 찾아오는 영감에 의한 우연이 대부분입니다. 중력의 법칙을 발견한 뉴턴, 다이너마이트를 발명한 노벨, 예방접종을 발명한 파스퇴르, 종두를 발명한 제너의 사례에서 볼 수 있듯이 사람들은 준비된 상태에서 행운을 얻었습니다. 그래서 영국의 작가 호레이스 월폴은 이러한 행운을 '준비된 우연의 법칙' 혹은 '세렌디피티의 법칙'이라고 불렀습니다.

세렌디피티? 처음 듣는 단어인데 어떤 뜻인가요?

세렌디피티(Serendipity)는 의도치 않게, 우연히 얻은 좋은 경험이나 성과라는 뜻으로 『세렌디프의 세 왕자』라는 동화책에서 유래되었습니다.

세 왕자는 전설의 보물을 찾기 위해 왕궁을 떠나 전 세계를 여행합니다. 왕자들은 보물을 찾기 위해 많은 노력을 했지만 결국 보물을 찾지 못합니다. 하지만 여행 도중 우연한 기회를 통해 인생을 훌륭하게 살 수 있는 지혜와 용기를 얻게 됩니다. 이후 세 왕자는 지혜와 용기를 바탕으로 어려움을 이겨내고 행복한 삶을 살게 됩니다.

이 책의 내용을 바탕으로 준비된 우연을 세렌디피티라고 부릅니다.

준비된 우연이라는 말이 정말 멋진 것 같아요. 그런데 무작정 노력한다고 행운이 오는 것은 아니잖아요. 행운을 얻으려면 어떻게 해야 할까요?

행운은 쉽게 찾아오지 않습니다. 말 그대로 운이다 보니 정말 뜻하지 않게 찾아올 수도 있고, 노력해도 행운을 놓칠 수 있습니다. 그러나 다행히 행운은 누구에게나 공평하게 찾아옵니다. 그래서 행운이나 절호의 기회는 우연히 오는 것 같지만 사실은 노력하기에 따라 자신의 것으로 만들 수 있습니다. 준비하고 노력하면 언젠가 찾아오는 행운을 잡을 수 있습니다. 행복한 우연을 맞이하는 방법은 다음과 같습니다.

첫째, 긍정적인 마음가짐이 필요합니다. 우리 주변에는 행운을 얻는 방법을 소개하는 다양한 책과 영상 등이 있습니다. 그 책과 영상들의 공통적인 주제는 긍정적인 마음가짐입니다. 만약 지금까지 나에게 행운이 오지 않았다면 하루 동안 말과 행동의 긍정과 부정 비율을 생각해보길 바랍니다.

마음이 긍정적이면 좋은 말과 좋은 행동을 하고, 마음이 부정적이면 나쁜 말과 나쁜 행동을 합니다. 그리고 긍정적인 마음가짐은 긍정적인 사람을 만들고, 주변에 긍정적인 사람이 모이게 됩니다. 주변에 긍정적인 사람이 많으면 나에게 행운이 찾아올 확률이 높아집니다. 반대로 마음이 부정적이면 부정적인 사람이 되고, 결국 주변에 사람이 모이지 않거나 부정적인 사람들만 모이게 될 것입니다. 나와 주변이 부정적이면 행운은 영원히 찾아오지 않을 것입니다.

둘째, 우뇌를 활용해야 합니다. 인간의 뇌는 좌우로 나뉘어 있

는데 좌뇌는 논리적·이성적 사고를 주관하고, 우뇌는 아이디어, 영감 등 초논리적 사고와 감성적인 사고를 주관합니다. 그런데 세상의 모든 위대한 발명이나 행운은 논리적인 사고보다 초논리적 사고를 통해 얻는 경우가 많습니다. 그러므로 행운을 얻기 위해서는 우뇌를 활용해야 합니다.

긍정적인 마음가짐은 실천할 수 있을 것 같은데 우뇌를 활용하는 방법은 잘 모르겠네요. 어떻게 해야 우뇌를 활용할 수 있나요?

우뇌를 활용하는 네 가지 방법을 소개하겠습니다.

1. 모든 일을 좋은 쪽으로 생각하는 습관을 갖자.

2. 스트레칭으로 근육을 사용하는 운동을 하자.

3. 명상하는 습관을 기르자.

4. 뇌에 영양을 공급하는 식사를 하자.

또한 과학자들에 따르면 우뇌는 좌뇌의 용량이 고갈된 이후 활성화된다고 합니다. 그래서 우뇌를 활용하려면 좌뇌의 용량을 고갈시켜야 합니다. 결국 어떤 일을 할 때 행운을 얻고 싶다면 논리적·이성적인 모든 노력을 해야 합니다. 그래야 좌뇌의 용량이 고갈되고 우뇌가 활성화되어 행운을 얻을 수 있습니다. 결국 행운을 얻기 위해 우뇌를 활용하려면 최선을 다해 노력해야 합니다.

마지막으로 행복한 우연을 맞이하는 방법, 셋째는 간절한 소망을 품어야 합니다. 헤르만 헤세의 소설 『데미안』에는 다음과 같은 구절이 나옵니다.

본래 우연이란 없다. 무엇인가를 간절히 소망했던 사람이 발견하거나 만들어냈다면 그것은 우연이 아니라 필연이다.

사람들은 보통 예상하거나 헤아릴 수 있으면 필연으로 돌리고, 갑작스럽거나 짐작하지 못하면 우연으로 돌리곤 합니다. 그러나 우연과 필연은 동전의 양면과 같습니다. 단기적으로 우연이라고 생각했던 일도 장기적으로 보면 필연인 것이 대부분입니다. 원인 없는 결과가 없는 것처럼 원인 없이 뜻밖에 얻어지는 행운은 없습니다. '심는 대로 거둔다'라는 속담처럼 무엇인가를 간절하게 소망했던 사람이 행운을 얻었다면 그것은 우연이 아니라 필연의 결과물입니다.

간절한 소망이 와닿네요. 혹시 로또에 당첨되고 싶다는 소망을 간절하게 품으면 언젠가 로또에 당첨될 수 있나요?

소망이 비현실적이면 이뤄지기 어렵습니다. 갑자기 로또에 당첨되고 싶다고 간절히 소망해도 행운이 찾아오지 않습니다. 행운은 내 능력 범위 내에서 찾아오기 마련입니다. 지금 있는 그 자리에서 얻을 수 있는 소망을 품어야 합니다. "우연은 준비된 자에게만 미소 짓는다"라는 명언을 남긴 파스퇴르처럼 내가 할 수 있는 만큼 최선을 다해 노력하고 간절하게 소망한다면 행운은 언젠가 찾아올 것입니다.

지금까지 운이 좋은 사람들을 보면 막연하게 질투하고 부러워했는데 이젠 그러지 않아야겠네요. 행운을 얻은 사람들은 보이지 않는 곳에서 어떠한 노력을 했을 것 같아요. 저도 언젠가 행운을 얻을 수 있도록 노력해야겠네요.

행운은 아무에게나 찾아오는 것이 아닙니다. 행운은 자신이 하는 일에 최선을 다한 사람에게 찾아옵니다. 노력하지 않는 사람이 얻게 되는 행운은 말 그대로 우연입니다. 그리고 다른 사람이 얻는 행운에 집착하지 말고 내가 얻게 될 행운만 생각하길 바랍니다. 선생님도 주어진 일과 목표에 최선을 다한다면 언젠가 준비된 우연, 즉 행운을 얻게 될 것입니다.

다른 사람의 시선 때문에
스트레스를 받습니다

조명 효과

저는 다른 사람의 시선 때문에 스트레스를 많이 받습니다. 좋은 사람이 되고 싶은 마음 때문인지 몰라도 사람들의 눈치를 많이 봅니다. 다들 그런다고 하는데 저는 좀 심각한 편인 것 같습니다. 사소한 실수도 계속 생각하며 주변에 "별일 아니지?"를 끊임없이 물어봅니다.

늦은 저녁 교직원 단톡방에 실수로 반말 글을 올렸습니다. 남자친구에게 보내려고 글을 썼는데 알고 보니 교직원 단톡방이었습니다. 단톡방에 사과의 글을 올렸지만 아무도 반응을 보이지 않았습니다. 그러다 보니 그 일이 계속 신경 쓰이고 잠도 거의 못 자고 있습니다. 다른 사람의 시선 때문에 매번 스트레스를 받는데 이런 제가 너무 예민한 건가요?

☐ 어떤 글을 남겼나요? 내용이 궁금하네요.

☐ 아무도 선생님에게 신경 쓰지 않아요. 걱정하지 마세요.

☐ 단톡방에 반말 글을 올리다니 큰 실수를 했군요. 다음부터는 조심하세요.

눈에 띄는 화려한 옷을 입고 집을 나섰는데 왠지 나만 쳐다보는 것 같아 민망함을 느낀 적 있나요? 길에서 실수로 넘어졌을 때 사람들이 나를 비웃는 것 같아 고개를 들지 못한 경험이 있지 않나요? 만약 그런 경험이 있다면 걱정하지 마세요.

사람은 생각보다 타인에 대해 크게 신경 쓰지 않습니다. 다른 사람이 나를 생각하고 신경 쓴다고 느낀다면 그것은 본인만의 착각일 뿐입니다.

저도 비슷한 경험이 있어요. 체육 수업을 하는데 갑자기 양말에 구멍이 나서 민망한 적이 있었어요. 그날은 계속 신경 쓰여서 구멍을 감추려고 노력했어요. 그런데 제 양말에 구멍이 났다는 사실을 아무도 모르더라고요. 저 혼자 착각했던 것 같아서 안심되면서도 민망했어요.

사람은 보통 타인의 시선이나 관심을 과대평가하는 경향이 있습니다. 마치 조명을 받은 무대 위의 주인공이 되어 관객들의 관심을 받고 있다고 착각하는 현상인데, 심리학에서는 이를 '조명 효과(Spotlight Effect)'라고 부릅니다. 다시 말해 조명 효과는 타인의 시선을 지나치게 의식하는 심리를 말합니다.

그런데 타인의 시선을 의식하는 심리는 사람의 본능 아닐까요? 착각이 아니라 진짜로 타인의 시선이 느껴지기 때문에 의식할 수도 있잖아요.

조명 효과를 보여주는 놀라운 실험을 소개하겠습니다. 미국 코넬대학의 심리학 교수인 토머스 길로비치(Thomas Gilovich)는 조명 효과를 입증하기 위한 실험을 진행했습니다. 그는 실험 참가자에게 유명했던 가수의 얼굴이 인쇄된 티셔츠를 입혔습니다. 그리고 학생들이 있는 실험실에 잠깐 앉아 있도록 하였습니다. 실험 참가자가 실험실에서 나온 후 실험실에 있는 학생들에게 티셔츠에 인쇄된 얼굴을 기억하는지 물어보았습니다. 실험 참가자는 대부분 학생이 자신의 티셔츠에 인쇄된 얼굴을 기억할 것이라고 예상했습니다. 왜냐하면 티셔츠 프린팅이 너무 눈에 띄고, 자신이 생각하기에 티셔츠를 입는 것 자체가 민망했기 때문입니다. 예를 들어 여러분이 '태진아' 혹은 '설운도'의 얼굴이 크게 인쇄된 티셔츠를 입고 학교에 출근했다고 생각하면 됩니다. 느낌이 오지 않나요? 과연 결과는 어떻게 나왔을까요?

정말 민망할 것 같아요. 제가 만약 그런 티셔츠를 입었다면 다들 저를 보고 웃을 것 같아요. 그리고 누군가 만약 그런 티셔츠를 입었다면 저는 100퍼센트 기억할 것 같아요.

　　그런데 실험 결과 실제로 티셔츠의 존재를 기억하는 사람은 23퍼센트에 불과했습니다. 티셔츠에 인쇄된 사진을 바꾼 후 똑같은 실험을 했는데 결과는 마찬가지였습니다. 이 실험을 통해 사람은 존재하지도 않는 타인의 시선을 과하게 의식하며 살아간다는 것을 알 수 있습니다. 그리고 사람은 생각보다 타인에게 크게 관심을 가지지 않는다는 사실도 알 수 있습니다.

　　그동안 저는 사연자처럼 다른 사람들이 '나를 어떻게 생각할까?', '나를 어떻게 평가할까?'에 집착했어요. 조명 효과를 들으니 괜한 걱정이었던 것 같네요.

인간은 사회적 동물이기 때문에 타인의 시선에 영향을 받게 됩니다. 그래서 타인의 시선을 의식하는 모습은 자연스러운 현상입니다. 그런데 타인의 시선을 지나치게 의식하면 큰 문제가 발생합니다. 타인의 시선이 온통 나에게 집중되어 있다고 착각하게 되면 자신의 모습을 잃게 됩니다. 그리고 스스로 타인의 노예로 살게 되며 주체적인 삶을 살 수 없게 됩니다. 조명 효과에 빠지면 결국 타인이 원하는 것만 따르고 타인에게 맞춰 살면서 '나다움'을 잃게 됩니다.

조명 효과에 빠지면 내 삶의 기준을 '나'가 아닌 '타인'에 맞추게 된다는 말이군요. 그런데 혹시 선생님도 조명 효과를 경험한 적 있나요?

저도 사연자처럼 타인의 시선 때문에 스트레스 받은 적이 있습니다. 좋은 선생님, 좋은 동료라는 프레임에 빠져 하기 싫은 일을 하고 원하지 않는 자리에 참석한 적이 많았습니다. 그러면서 다른 사람의 시선을 지나치게 신경 쓰며 살았습니다. 결국 이런 모습이 누적되면서 제 모습을 잃고 주변에 있는 소중한 것들을 놓치게 되었습니다. 이런 저의 모습을 답답해하던 선배 교사가 저에게 한마디했습니다.

"어제 너 술자리에 있다가 중간에 나갔을 때 계속 걱정돼서 나한테 연락했잖아. 그런데 다른 사람들은 너가 갔는지 안 갔는지 신경도 안 쓰더라. 넌 평소에 너무 사람들의 시선을 의식하는 것 같아. 다른 사람들은 생각보다 너한테 관심이 없어. 그러니까 그냥 너 하고 싶은 대로 해."

집에 가는 동안 '내가 먼저 갔다고 남들이 욕하지는 않을까'라는 생각으로 계속 걱정했는데 사람들은 내가 간 줄도 몰랐다는 말을 듣고 머리를 한 방 얻어맞은 느낌이었습니다. 그런데 이 말을 듣고 살짝 서운함이 들었지만 동시에 해방감도 느꼈습니다. 그때부터 조금씩 타인의 시선에서 벗어나는 미움받을 용기를 실천하기 시작했습니다. 그리고 지금은 남에게 피해를 주지 않는 범위 내에서 자신에게 더 집중하며 살고 있습니다.

"너 하고 싶은 대로 해"라는 말이 딱 와닿네요. 다른 사람이 저를 주목하고 있다는 착각에서 벗어난다면 좀 더 주체적인 삶을 살 수 있을 것 같아요.

맞습니다. 나를 감시하고 관찰하는 시선은 결국 내 안에 있습니다. 타인에게 인정받기 위해 가식적으로 보여주는 말과 행동을 멈추고 내 마음에서 들리는 소리에 집중해야 합니다. 결국 내가 하고 싶은 걸 하지 못하게 만드는 것은 내가 설정한 조명 효과 때문입니다. 타인의 시선만 신경 쓰는 마음속 가짜 조명을 끄고 진정한 내 모습을 찾길 바랍니다.

저에 대한 주변의 기대가
부담스럽습니다

가면 증후군

올해 1정 연수를 마친 신규 교사입니다. 어제 교감 선생님이 저를 부르더니 내년에 부장을 맡아보라고 권유했습니다. 부장이라는 역할을 맡아보고 싶은 욕심에 "알겠습니다"라고 말한 후 자리를 떠났는데, 갑자기 부담이 밀려오고 마음이 답답해졌습니다. 과연 내가 잘할 수 있을지, 괜히 욕만 먹는 건 아닐지 걱정됩니다. 주변 선생님들은 "요즘 임용고시 합격 선생님은 공부도 잘하고 능력이 있으니까 선생님도 당연히 잘하겠지"라고 말하니 더 걱정입니다. 학교에서 제게 너무 큰 기대를 하는 것 같아 부담스럽고 내년에 제 밑천이 다 드러나서 비난받을 것 같아 걱정입니다.

☐ 부장 맡으면 스트레스만 받을 거예요. 지금 당장 거절하세요.

☐ 다들 부장 맡기 싫어서 선생님에게 미루는 거예요. 착각하면 안 됩니다.

☐ 지금까지 보여준 모습이 쌓여서 선생님을 평가하는 거니 너무 걱정하지 마세요. 다른 사람의 시선은 신경 쓰지 말고 선생님 자신을 믿으세요.

갑자기 자신감이 떨어지고 괜히 불안했던 적이 있나요? 지금까지 이뤘던 성과가 모두 운처럼 느껴지고 내 능력을 의심했던 적은 없나요? 현재 하는 일이 자신의 역량에 비해 과분하다고 생각하거나 언젠가 자신의 본 모습이 드러나서 초라해질 것 같은 초조함을 느낀다면 '가면 증후군(Imposter Syndrome)' 증상을 의심해야 합니다.

능력에 비해 큰 성과가 나오면 기쁨보다 불안감이 더 크더라고요. 이런 생각이 들면 가면 증후군 증상인가요? 가면 증후군은 처음 들어보는데 설명 부탁드려요.

가면 증후군은 사기꾼 증후군이라고도 부르며 자신의 성공을 노력이 아닌 운 때문이라고 평가하는 심리 현상을 말합니다. 그리고 가면 증후군은 주변 사람을 속이고 있다고 느끼는 불안 심리를 말합니다.

가면 증후군이라는 단어를 처음 사용한 심리학자 폴린 클랜스(Pauline Clance)와 수잔 임스(Suzanne Imes)는 자신의 학교에 다니는 대학생들이 근거 없는 불안감을 호소한다는 사실을 발견했습니다. 심지어 입학 과정에 오류가 생겨 자신이 운이 좋게 대학을 다니고 있다고 생각하는 학생도 있었습니다. 그래서 그녀

는 이런 근거 없는 자존감 하락의 증세를 가면 증후군이라는 용어로 설명했습니다.

저도 어떤 일을 맡아서 큰 성과를 내면 운 때문이라고 말할 때가 많아요. 주변에서 지나치게 칭찬하는데 '난 노력했으니까 당연하지'라고 말할 수는 없잖아요. 이런 저도 가면 증후군 증상이 있는 건가요?

요즘에는 많이 달라졌지만 대한민국은 남에게 자랑하지 않는 것을 미덕으로 여기는 유교적인 문화가 남아 있습니다. 그래서 일에 대한 성과를 거둔 후 겸손한 표현을 자주 합니다. 그러므로 어떤 사람이 겸손한 표현을 한다고 그 사람을 가면 증후군으로 의

심할 필요는 없습니다.

사실 가면 증후군은 주관적인 느낌이기 때문에 타인이 아니라 본인 스스로가 느끼고 판단할 수 있습니다. 자신이 어떤 성공을 누릴 자격이 없다고 생각하고 성취감을 느끼지 못하거나, 성공을 거둔 후 다른 일을 할 때 타인을 만족시키지 못할까 봐 걱정하며 두려움을 느낀다면 가면 증후군을 의심해야 합니다.

그런데 사람이라면 감정 기복이 있지 않나요? 저도 일을 해낸 후 '다음에는 못하면 어떡하지?'라는 불안감이 드는 경우가 있거든요.

사람이라면 누구나 감정의 기복을 겪습니다. 그리고 과도한 칭찬과 기대를 받으면 불편한 기분이 들 수 있습니다. 그런데 문제는 이러한 기분이 자신에 대한 비난과 의심을 지속적으로 불러오는 경우입니다. 이러한 감정이 계속되면 자신이 무능력하고 남들을 속이고 있다는 생각이 들게 됩니다. 그리고 심각할 경우 우울증에 걸릴 수 있습니다. 가면 증후군에 속하는 사람은 지나친 걱정과 부지런함으로 자신의 건강을 잃는 경우가 많다고 합니다.

그렇다면 가면 증후군은 왜 나타나는 것일까요?

가면 증후군은 성별이나 인종, 나이, 직업과 상관없이 흔하게 나타나는 심리 상태입니다. 정도의 차이가 있을 뿐 70퍼센트에 육박하는 사람이 일생 중 어느 한 시기에 이런 심리 상태를 경험한다고 합니다. 그리고 가면 증후군은 치열한 경쟁 사회 환경에 놓일수록 흔하게 나타난다고 합니다.

가면 증후군이 나타나는 가장 대표적인 원인은 낮은 자존감입니다. 자존감이 낮으면 항상 남과 비교하고 자신을 의심하게 됩니다. 그리고 자신이 해낸 일은 나뿐만 아니라 누구라도 할 수 있다고 생각하며 자신의 성취를 깎아내리려 합니다.

또한 가면 증후군은 '기대가 크면 실망도 크다'라는 말처럼 타인의 시선을 지나치게 의식하는 사람이 실망을 줄이기 위한 방어기제로 나타납니다. 실패의 두려움을 겪는 사람이 충격을 사전에 완화하기 위한 변명이라고 할 수 있습니다.

이 외에도 완벽주의적 성향, 극도로 까다롭고 엄한 교육환경을 경험한 사람 등 가면 증후군이 나타나는 원인은 다양합니다.

누구나 살면서 한 번쯤 경험할 수 있다고 생각해야겠네요. 그러면 가면 증후군은 어떻게 극복할 수 있나요?

가면 증후군을 극복할 수 있는 뚜렷한 방법은 없습니다. 다만,

심리학자 해럴드 힐먼(Harold Hillman)의 말에 따르면, 자신의 감정을 인정하는 자기 수용이 필요하다고 합니다. 사실, 가면 증후군을 겪고 있는 사람들은 가면 증후군이라는 용어가 있다는 것을 알게 되거나, 가면 증후군을 겪고 있는 사람들이 있다는 사실을 알게 되는 것만으로도 증세가 많이 나아진다고 합니다. 자신만이 근거 없는 불안감과 의심을 하는 것이 아니라는 사실을 알게 되는 것이 가면 증후군을 극복하는 첫걸음입니다.

다음으로, 다른 사람과 자신을 비교하지 말고 자신의 성취를 기록해야 합니다. 일기장이나 개인 SNS에 과거의 성공 경험을 적고 자신이 성취한 결과를 돌아보면 가면 증후군을 극복하는 데 도움이 됩니다.

마지막으로 비슷한 사람들과 만나 교류하는 방법이 있습니다. 가면 증후군을 앓는 사람들은 보통 혼자 고민하고 힘들어 하는 경향이 있습니다. 그러나 이런 태도는 증상을 더욱 악화시킬 뿐입니다. 혼자 있지 말고 이런 공통점이 있는 사람들과 만나서 내 감정을 솔직히 털어놓는 것이 좋습니다.

운도 준비된 자에게 찾아옵니다. 나에게 찾아온 운을 발견하고 활용하는 것도 실력입니다. 또한 성공이 반드시 완벽한 노력과 과정을 통해 이루어져야 하는 것은 아닙니다. 자신의 성공에 조력자나 다른 요인이 있었다면 감사하게 생각하되, 자신의 노력을 저평가하는 자세를 지양하길 바랍니다. 그리고 다가오지도 않는 미래를 미리 걱정하며 지내지 말고 현재에 집중한다면 가면 증후군을 극복할 수 있습니다.

학교를
그만두고 싶습니다

번아웃 증후군

요즘 나사 빠진 상태로 학교에 출근하고 있습니다. 일요일이 되면 월요일이 두렵고, 자기 전에는 항상 다음 날이 걱정됩니다. 예전의 열정적인 모습은 어느덧 사라지고 지금은 의욕도 잃고 무기력한 모습입니다. 요즘에는 아이들을 만나도 행복하지 않습니다. 그리고 주변 사람들의 말도 쉽게 받아들이지 못하고 계속 곱씹어봅니다. 퇴근하고 집으로 돌아오면 또다시 다음 날을 걱정하며 우울하게 보내고 있습니다. 하루하루 지쳐갑니다. 전 어떻게 하면 좋을까요?

☐ 걱정하지 마세요. 시간이 다 해결해줄 거예요.

☐ 선생님보다 더 힘든 사람이 많습니다. 정신력으로 이겨내세요.

☐ 운동이나 여행을 추천하고 싶네요. 몸과 마음에 변화가 필요한 것 같습니다.

몇 년 동안 같은 일을 반복하느라 몸과 마음이 지친 적이 있나요? 아무것도 하고 싶지 않고 누군가와 말하기도 싫고 그냥 사라져버리고 싶다는 마음이 든 적 있나요? 만약 그런 생각이 들었다면 여러분도 사연자처럼 '번아웃 증후군(Burnout Syndrome)'을 겪고 있는 것은 아닌지 의심해야 합니다.

　　저도 가끔 힘들어서 어디론가 떠나고 싶다는 생각이 들어요. 혹시 저도 번아웃 증후군인가요?

　　가끔 그런 생각이 들었다고 번아웃 증상이라고 말할 수는 없습니다. 번아웃 증후군은 의욕적으로 일에 몰두하던 사람이 극도로 신체와 정신의 피로감을 호소하며 무기력해지는 현상을 말합니다. 이 현상은 1970년 미국의 정신분석의사 헐버트 프로이덴버거(Herbert Freudenberger)가 환자를 치료하다가 이 증후군의 최초 사례를 찾아내면서 사용한 심리학 용어입니다. 번아웃 증후군은 바쁘게 살아가는 현대인에게 많이 나타나는 증상으로 2019년 5월 세계보건기구(WHO)에서 국제질병표준분류기준(ICD-11)에 올릴 만큼 관심을 받고 있습니다.

　　듣고 보니 저는 번아웃 증후군이 아닌 것 같습니다. 무기력하다고 느낄 정도로 일에 몰두한 적은 없거든요.

번아웃 증후군은 어떠한 일을 수행할 때 실패를 경험하거나 성취를 이루지 못하는 경우 나타날 수 있습니다. 즉 번아웃 증후군은 내가 하는 일이 개인과 사회의 기대 수준을 충족하지 못할 때 발생합니다.

일에서 삶의 의미를 느끼던 사람이 번아웃 증상에 빠지면 갑작스럽게 좌절하고 허무함을 느끼게 됩니다. 그리고 이러한 좌절과 허무감으로 업무나 일상생활을 원활하게 하지 못하게 되어 적응장애, 우울장애, 불안장애, 불면증 등 정신과적 질환이 생길 수 있습니다. 또한 소화불량, 이명, 어지럼증과 같은 신체적 질환에도 점점 취약한 상태가 됩니다. 보건복지부에 따르면 번아웃 증상은 '정서적 탈진', '비인격화', '개인적 성취감 감소'를 일으킨다고 합니다.

설명을 듣다 보니 번아웃 증후군은 우울증과 비슷한 것 같아요. 번아웃 증후군과 우울증은 같은 증상인가요?

번아웃 증후군과 우울증에는 다소 차이가 있습니다. 우울증은 슬픈 감정이 계속 반복되어 나타나는 증상이지만, 번아웃 증후군은 슬픈 감정보다는 극도의 피로감과 무력감이 더 커지는 상

우울증   번아웃 증후군

태로 나타납니다. 사실 번아웃 증후군은 만성적 업무 스트레스에서 유래했기 때문에 스트레스를 어떻게 대하는지에 따라 그 증상을 파악할 수 있습니다.

저도 걱정이네요. 다음 날 괜찮아지긴 하지만 매일 스트레스를 받고 있거든요.

사람은 누구나 스트레스를 받으며 살아갑니다. 특히 직장생활에서 스트레스는 누구도 피해갈 수 없습니다. 그러나 사람에게는 회복탄력성이 있어 스트레스를 받아도 다양한 방법으로 이겨낼 수 있습니다. 하지만 번아웃 증후군이 찾아오면 회복탄력성이 극

히 낮아져 극복이 어려워집니다. 즉 번아웃 증후군은 스트레스에 대한 면역력이 굉장히 낮아진 상태를 말합니다.

제 주변에 학교생활을 힘들어 하는 선생님을 많이 봤어요. 그분들이 번아웃 증후군에 걸린 것은 아닌지 의심해봐야겠네요.

번아웃 증후군인지 확인하는 방법으로 여러 테스트가 있는데 '2015년 안전관리공단'에서 제작한 테스트를 소개하겠습니다(본문 106쪽 참조). 이 테스트에서 총점 65점 이상이면 번아웃 증후군에 있다고 합니다. 주변에 번아웃 증후군이 의심되는 선생님이 있다면 테스트를 소개해도 좋을 것 같습니다.

만약 번아웃 증후군 증상이 나타나면 어떻게 하면 좋을까요?

몸이 아플 때 병원에 가면 의사 선생님들이 하는 이야기가 있습니다.

"잘 먹고 잘 자면 괜찮아질 거예요."

번아웃 증후군도 마찬가지입니다. 건강한 식단과 충분한 숙면 등 균형 잡힌 일상생활은 번아웃 증후군을 극복하는 데 큰 도움이 됩니다. 이 외에도 번아웃 증후군을 극복하는 방법은 다음과

번아웃 증후군 테스트

	문항 내용	전혀 아니다 (1점)	약간 그렇다 (2점)	그렇다 (3점)	많이 그렇다 (4점)	매우 그렇다 (5점)
1	쉽게 피로를 느낀다.					
2	하루가 끝나면 녹초가 된다.					
3	아파 보인다라는 말을 자주 듣는다.					
4	일이 재미없다.					
5	점점 냉소적으로 변하고 있다.					
6	이유 없이 슬프다.					
7	물건을 잘 잃어버린다.					
8	짜증이 늘었다.					
9	화를 참을 수 없다.					
10	주변 사람들에게 실망감을 느낀다.					
11	혼자 지내는 시간이 많아졌다.					
12	여가생활을 즐기지 못한다.					
13	만성 피로, 두통, 소화불량이 늘었다.					
14	자주 한계를 느낀다.					
15	대체로 모든 일에 의욕이 없다.					
16	유머 감각이 사라졌다.					
17	주변 사람들과 대화를 나누는 게 힘들게 느껴진다.					

• 출처 : 안전관리공단

같습니다.

우선, 자신의 상태를 명확히 파악해야 합니다. 나 자신을 가장 잘 아는 사람은 결국 '나'입니다. 몸이 지치고 힘들어서 무기력해지고 우울하다면 자신이 번아웃 증후군일 수도 있다는 점을 인식하고 솔직하게 인정해야 합니다.

둘째, 일상 속 작은 휴식을 찾아보길 바랍니다. 제주 한 달 살기나 해외여행처럼 거창한 계획을 실천하면 좋겠지만 우리의 삶은 그렇게 여유롭지 않습니다. 큰 휴식보다 일상에서 작은 휴식을 꾸준히 실천하면 번아웃 증후군을 극복할 수 있습니다. 그리고 실천하기 어려운 계획보다는 '10분 산책' 등 일상에서 쉽게 실천할 수 있는 계획을 세워보길 바랍니다. 저는 과도한 업무로 번아웃 증상이 왔을 때 점심시간에 가벼운 산책을 하면서 극복했습니다. 좋은 음악과 함께 학교 옥상이나 운동장을 돌면서 작은 휴식을 실천하니 부정적인 생각이 사라지고 오후 시간을 버티는 힘이 생겼습니다.

셋째, 주변에 솔직하게 도움을 청하길 바랍니다. 번아웃 증후군을 극복하려면 자신의 노력뿐만 아니라 주변의 지지도 필요합니다. 주변의 의지할 수 있는 사람에게 자신의 감정을 털어놓길 바랍니다. 주변 사람과 대화하는 것만으로도 큰 도움이 될 수 있습니다.

넷째, 소셜미디어를 잠시 끊길 바랍니다. 소셜미디어에 올라오는 대부분 내용은 행복한 모습, 자신을 자랑하는 내용입니다. 타인의 시선에 예민하게 반응하거나 타인과 비교를 하는 사람은 번아웃 증후군이 심해질 수 있습니다. 소셜미디어를 끊고 나에게 도움이 되는 책을 읽거나 오디오북을 듣는다면 번아웃 증후군이 완화될 수 있습니다.

다섯째, 내 삶에 조금씩 변화를 주길 바랍니다. 번아웃 증후군을 극복하려면 기계적인 움직임을 멈추고 매일 조금씩 변화를 줘서 쳇바퀴 돌듯 반복되는 일상에서 벗어나는 것이 좋습니다. 새로운 취미생활을 가져도 좋고 평소 아이들을 가르치던 생활 지도나 수업 스타일을 바꾸는 것도 좋습니다. 아니면 잠시 학교에서 벗어나 교육기관에 파견을 가는 방법도 있습니다. 중요한 것은 지금까지 반복했던 일에 변화를 주는 것입니다.

설명해준 방법을 실천하면 번아웃 증후군을 극복하는 데 도움이 될 것 같아요. 그리고 번아웃 증후군에 걸리지 않더라도 다섯 가지 방법을 실천하면 즐거운 학교생활을 보낼 수 있을 것 같아요.

실제로 매일 아이들을 가르치는 선생님은 번아웃 증후군에 걸릴 확률이 높습니다. 번아웃 증후군에 관한 많은 연구를 수행한

캘리포니아대학의 크리스티나 마슬라흐(Christina Maslach) 교수는 "친밀한 접촉에 상당한 시간을 보내는 사람들 사이에서 정서적 고갈이나 냉소주의가 일어날 수 있다"라고 말했습니다. 매일 아이들을 보며 감정 노동을 하는 선생님들에게 번아웃 증후군은 언제든 찾아올 수 있습니다. 번아웃 증후군으로 고생하는 선생님들을 위해 『곰돌이 푸, 행복한 일은 매일 있어』에 나오는 글을 들려주고 싶습니다.

> 강은 알고 있어요.
> 서두르지 않아도 언젠가는 도착하게 되리라는 것을요.
> 삶은 끝이 없는 길고 긴 여정입니다.
> 앞으로도 나아가야 할 길은 한참 남았으니 사소한 일로 끙끙대지 말고
> 조금 느긋한 마음으로 한 발 한 발 걸어나가요.

긴 교직생활에서 가장 중요한 것은 건강과 행복입니다. 힘들고 지칠 때 '나는 아니겠지', '나는 괜찮아'라고 생각하면서 자신을 방치하지 않길 바랍니다. '호미로 막을 것을 가래로 막는다'라는 속담처럼 지금 내 몸이 보내주는 경고를 계속 무시하면 더 큰 문제가 생길 수 있습니다. 만약 지금 몸과 마음이 지쳤다면 하던 일을 멈추고 잠시 쉬어가길 바랍니다. 건강과 행복은 지금 챙겨야 합니다.

PART 3

업무부담 줄이기

일을 미루는 성격을
고칠 수 있나요?

게으른 완벽주의자

내일까지 계획서를 쓰고 공문도 보내야 하는데 지난주부터 "해야지"라는 말만 계속 반복하고 있습니다. 지금 계획서를 쓰지 않으면 내일까지 끝내지 못할 것 같은데 아직 마음의 준비가 되지 않아 시작조차 하지 않았습니다.

내일 저의 모습이 벌써 그려집니다. 아침부터 주변에 급하게 연락하면서 계획서를 쓸 것입니다. 그리고 계획서를 첨부한 공문을 제출하면서 '이렇게 하면 안 되겠다', '다음에는 일찍 시작하자'라고 다짐할 것입니다. 그런데 매번 그랬듯이 다음에도 미루기를 똑같이 반복할 것 같습니다. 일을 미루는 제 성격을 고치기란 쉽지 않은 것 같습니다. 어떻게 하면 게으른 제 성격을 고칠 수 있을까요?

☐ 성격이 쉽게 바뀌나요? 그냥 하던 대로 하세요.

☐ 계속 미루다 보면 나중에 크게 손해 보는 일이 생길 거예요. 그러면 혹시나 고쳐지지 않을까요?

☐ 일을 미루는 성격 때문에 본인이 스트레스를 받거나 주변에 피해를 주고 있나요? 만약 그렇다면 고치려고 노력해야 합니다.

'오늘 할 일을 내일로 미루지 말라'라는 말처럼 일은 미루면 안 됩니다. 일을 미루면 더 힘들어집니다. 그래서 일은 생각날 때 바로 하는 것이 좋습니다. 그러나 우리 주변에는 무슨 일이든 정해진 날짜가 다가와야 일을 시작하는 사람이 있습니다. 마치 시험 전날 벼락치기 공부하는 것처럼 마감일이 오지 않으면 시작하지 않습니다. 그런데 이런 성향을 지닌 사람이 의외로 완벽주의자일 가능성이 큽니다.

무슨 말인지 이해가 안 되네요. 일을 미루는 성격인데 완벽주의자라고요? 뜨거운 아이스아메리카노처럼 어울리지 않는 말이에요. 일이 생기면 바로 시작하는 사람이 완벽주의자가 아닐까요?

일이 생길 때 바로 시작하는 사람은 부지런한 사람이지 완벽주의자는 아닙니다. 완벽주의자는 자신을 향해 높은 기준을 설정하여 높은 성취감을 얻고 싶어 합니다. 그래서 완벽주의자는 모든 일을 잘해야 한다는 압박감을 받으며 다른 사람의 평가를 신경 씁니다. '게으른 완벽주의자'는 이런 압박감과 스트레스를 받기 싫어서 일을 시작하지 않거나 이런저런 핑계로 일의 시작을 미루는 사람을 말합니다.

제가 부지런한 사람과 완벽주의자를 잠시 착각했던 것 같아요. 그래도 게으른 사람이 "나는 완벽주의자야"라고 말하면 어이없고 황당할 것 같아요.

일을 시작하지 않고 미루는 모습이 게을러 보일 수 있지만, 실제로는 완벽주의 성향을 지녔기 때문에 일을 미룰 가능성이 큽니다. 미국의 심리학자 제인 부르카(Jane B. Bruka)는 일을 자꾸 미루게 되는 심리적인 원인에 대해 다음과 같이 말합니다.

"일을 미루는 원인은 결과가 실망스러울 때 미룬 것을 탓하는 것이 내 능력이 부족하다고 생각하는 것보다 안전하기 때문이다."

심리학 연구에 따르면 완벽주의와 미루는 성향은 상관관계가 높다고 합니다.

그렇다면 게으른 완벽주의자는 어떤 특성이 있나요?

첫째, 게으른 완벽주의자는 일을 미룹니다. 사실 일을 완벽하게 처리하려면 꼼꼼한 일련의 과정이 필요합니다. 그러나 그들에

게 그 과정은 생각만 해도 끔찍하고 부담스럽습니다. 그래서 스스로 아직 준비되지 않았다고 자기합리화를 하면서 무작정 일을 미룹니다.

둘째, 게으른 완벽주의자는 시간에 쫓기며 스트레스를 받습니다. "오늘은 시작해야 되는데"라는 말과 함께 걱정만 하고 일을 시작하지 않습니다. 그리고 일에 대한 중압감에서 벗어나고 싶은 마음에 다른 일에 더 신경 쓰고 정작 해야 할 일은 다음 순위로 미룹니다.

셋째, 평소 생각이 많고 새로운 일이 달갑지 않습니다. 게으른 완벽주의자가 일을 완벽히 끝내려면 생각할 것이 너무 많습니다. 그래서 일을 시작하기 전에 끊임없이 생각하며 걱정합니다.

혹시 본인이 게으른 완벽주의자인지 궁금하다면 아래 표에 있는 지문을 확인해보기 바랍니다.

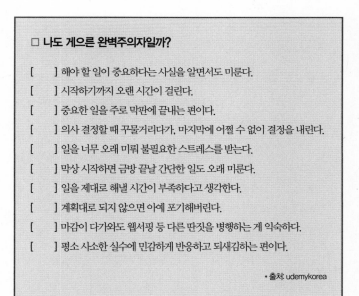

☐ **나도 게으른 완벽주의자일까?**

[   ] 해야 할 일이 중요하다는 사실을 알면서도 미룬다.
[   ] 시작하기까지 오랜 시간이 걸린다.
[   ] 중요한 일을 주로 막판에 끝내는 편이다.
[   ] 의사 결정할 때 꾸물거리다가, 마지막에 어쩔 수 없이 결정을 내린다.
[   ] 일을 너무 오래 미뤄 불필요한 스트레스를 받는다.
[   ] 막상 시작하면 금방 끝날 간단한 일도 오래 미룬다.
[   ] 일을 제대로 해낼 시간이 부족하다고 생각한다.
[   ] 계획대로 되지 않으면 아예 포기해버린다.
[   ] 마감이 다가와도 웹서핑 등 다른 딴짓을 병행하는 게 익숙하다.
[   ] 평소 사소한 실수에 민감하게 반응하고 되새김하는 편이다.

• 출처: udemykorea

열 개 중 다섯 개 이상 표시했다면 게으른 완벽주의자일 가능성이 큽니다.

설명을 들으니 제 주변에 몇 명은 게으른 완벽주의자인 것 같아요. 잘하고 싶은 마음은 크지만 실천하지 않고, 마감일까지 전전긍긍하다가 벼

락치기를 하는 친구들이 많거든요.

사실 게으른 완벽주의자는 자신의 게으름을 완벽주의 탓으로 돌리기 위한 방어기제로 사용하는 경우가 많습니다. 그런데 이러한 방어기제가 가족이나 연인 관계에서는 가능할지 몰라도 직장생활에서는 통하지 않습니다. 직장생활에서 게으른 완벽주의자는 일을 못하는 사람 즉, 일머리가 없는 사람으로 보입니다. 그러므로 만약 내가 게으른 완벽주의자로 직장생활을 한다면 이를 고치기 위해 노력해야 합니다. 특히 학교에서 아이들을 가르치는 선생님이라면 더욱 노력해야 합니다. 왜냐하면 일을 미루면서 받는 스트레스가 아이들에게 영향을 줄 수 있기 때문입니다.

그렇다면 일을 계속 미루는 성격은 어떻게 고칠 수 있을까요?

우선, 모든 일을 완벽하게 하려는 마음을 버려야 합니다. 일의 결과물이 마음에 들지 않아도 완벽하게 하기보다는 대충이라도 시도해보고 조금이라도 일을 해보자는 마음을 갖고 시작해야 합니다. 일을 끝내는 것이 목표가 아니라 시작을 목표로 삼으면 완벽하게 하려는 마음을 내려놓을 수 있습니다.

두 번째로, 일을 작게 세분화해서 쉽게 만들어야 합니다. 많은 일을 한꺼번에 하려면 일의 양이 많아 보여 부담감을 느낄 수 있습니다. 일을 작게 세분화하면 하루에 처리해야 하는 일의 양이 적어지고 매일 목표를 달성할 수 있어 성취감도 생깁니다.

세 번째로, 내가 어떻게 일을 해야 집중할 수 있을지 찾아야 합니다. 그리고 집중이 잘되는 환경을 만들어야 합니다. 저는 무슨 일이든 새벽에 집중이 잘되는 편입니다. 밤에 일을 시작하면 유튜브나 웹툰 그리고 술의 유혹이 찾아오는데 그 유혹을 이기지 못하는 경우가 많습니다. 그래서 글을 쓰거나 밀린 일이 많은 날에는 일부러 새벽에 일어나 일을 하는 편입니다.

마지막으로 일의 결과물이 마음에 들지 않더라도 '뭐 그럴 수 있지'라는 너그러운 마음을 갖는 것이 좋습니다. 일을 망치거나 실수했다고 자책할 필요가 없습니다. 초보 운전자도 운전을 계속하면 능숙해지듯 일은 하다 보면 늘게 되어 있습니다. '다음에 더 잘할 수 있어'라는 생각으로 마음을 편하게 갖는 것이 중요합니다.

미루는 습관을 고치려면 결국 마음가짐이 중요한 것 같아요.

아마추어는 일하기에 앞서 두려움을 극복해야 한다고 생각하며 일을 미루지만, 프로는 두려움이 극복할 수 없는 대상이라는 것을 알기에 우선 일을 시작하면서 생각한다고 합니다. 생각이 많으면 일을 시작할 수 없습니다. 일에 대한 두려움이나 걱정은 사전에 준비한다고 사라지는 것이 아니라 일을 시작하면서 옅어지는 것입니다. '일단 시작하자'라는 마음가짐을 갖고 실천한다면 일을 미루는 습관을 충분히 고칠 수 있습니다.

계획만 세우고
실천하지 못합니다

자아 고갈 이론

올해 목표는 운동, 다이어트, 금주, 금연입니다. 그런데 새해 첫날부터 담배를 피웠고 나의 목표는 하루 만에 실패로 끝났습니다. 아내는 옆에서 "의지력이 약하다", "노력이 부족하다"라며 잔소리를 합니다. 아내의 잔소리에 반박하고 싶지만 달리 대꾸할 말이 없습니다. 생각해보니 저는 새해 목표뿐만 아니라 하루 목표도 실천하지 못하고 포기하는 경우가 많습니다. 출근길에 '오늘은 아이들한테 화내지 말자'라고 다짐하지만 1교시도 끝나기 전에 화를 내는 경우도 많습니다.

"의지력이 약하다", "노력이 부족하다"라는 아내의 말이 다시 생각납니다. 저는 왜 계획만 세우고 실천하지 못할까요? 아내의 말처럼 의지력과 노력이 부족한 것일까요?

☐ 인생은 실패의 연속이라고 했습니다. 언젠가 실천할 거예요

☐ 아내의 말이 맞습니다. 지금처럼 지내면 매일 실패만 경험할 거예요

☐ 의지력과 노력에는 한계가 있습니다. 의지력과 노력을 잘 관리한다면 목표

를 충분히 달성할 수 있을 거예요

계획을 실천하는 방법은 무엇일까요? 정답은 바로 노력입니다. 어처구니없는 소리처럼 들리겠지만 노력만큼 정직한 것은 없습니다. 그런데 노력이라는 뻔한 답을 알고 있어도 계획을 꾸준히 실천하지 못하는 사람들이 많습니다. 왜 그럴까요?

저는 계획을 실천할 때 주변의 유혹에 흔들리는 경우가 많아요. 그리고 '귀찮다', '하기 싫다'라는 마음이 들 때도 있고요. 끈기나 의지가 부족하면 계획을 실천하기 어렵더라고요.

어떤 일을 꾸준히 실천하려면 자기 통제력이 필요합니다. 그런데 의지력과 자제력 연구로 유명한 심리학자 로이 바우마이스터(Roy F. Baumeister) 교수는 자기 통제력을 정신력이 아니라, 사용하면 소모되는 에너지 같은 개념으로 보았습니다. 그리고 사람들이 자기 통제력을 사용하면 에너지가 소모되기 때문에 자기 통제력을 발휘할 의지나 능력이 줄어든다고 주장하였습니다. 바우마이스터 교수는 이런 현상을 '자아 고갈(Ego Depletion)'이라고 불렀습니다.

자기 통제력이 에너지와 연관 있다고요? 혹시 자아 고갈을 증명하는 실험이 있나요?

실제로 바우마이스터 교수는 자기 통제력이 에너지와 연관된다는 자아 고갈을 밝히기 위해 다양한 실험을 했습니다. 자아 고갈과 관련된 유명한 실험 중 하나는 악력계 실험입니다.

바우마이스터 교수는 실험을 위해 무작위로 참가자들을 모집했습니다. 그리고 참가자들에게 악력계를 최대한 버티라고 지시했습니다. 실험이 끝난 후 그는 참가자들을 무작위로 세 그룹으로 나눴습니다. 그리고 세 그룹으로 나뉜 참가자들에게 감정이 고조되는 슬픈 영화를 보여줬습니다. 그런데 이때 교수는 한 가지 지시를 내렸습니다. A그룹은 영화를 보면서 감정을 자연스럽게 표현하라고 했고, B그룹은 아무런 지시도 내리지 않았습니다. 마지막으로 C그룹은 감정을 표현하지 말고 최대한 억누르라고 지시했습니다. 영화가 끝난 후 참가자들은 다시 악력계 실험을 했습니다. 과연 어떤 결과가 나왔을까요?

이전과 같은 결과가 나올 것 같아요. 세 그룹 모두 감정 표현을 다르게 한 것 빼고는 다른 점이 없잖아요?

A그룹과 B그룹의 악력계 테스트 결과는 영화 보기 전 결과와 거의 비슷하게 나왔습니다. 하지만 놀랍게도 감정을 통제받은 C 그룹의 참가자들은 악력계를 버티는 시간이 현저하게 줄어들었습니다. 그들은 다른 그룹의 참가자들과 다르게 악력 테스트를 쉽게 포기하였습니다.

영화 감상과 악력은 서로 관련이 없잖아요. 그들이 쉽게 포기한 이유는 무엇인가요?

C그룹의 참가자들은 영화를 보면서 자신의 감정을 억눌렀습니다. 즉 그들은 영화를 보면서 의도치 않게 자신의 에너지를 활용했습니다. 그래서 영화가 끝난 후 악력계 실험을 할 때 이전과 다른 결과가 나왔습니다. C그룹은 감정을 억누르느라 에너지를

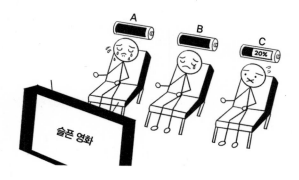

소비했기 때문에 이전보다 버틸 만한 힘이 남아 있지 않았습니다. 결론적으로 그들은 자신의 감정을 통제하느라 자아가 고갈되었고 자기 통제력이 약해져 악력계 실험을 쉽게 포기하였습니다.

정말 신기하네요. 슬픈 영화를 보면서 감정을 통제하는 힘과 손을 사용해 악력계를 사용하는 힘은 전혀 다르다고 생각했는데 연관이 있군요. 그렇다면 지금까지 계획을 실천하지 못하면 의지력이 부족하다고 자책했는데 꼭 의지력 부족만은 아닌 것 같아요.

우리는 지금까지 자기를 통제하는 의지력이 부족해서 계획을 실천하지 못한다고 생각했습니다. 그래서 무슨 일을 포기하면 '나는 의지가 약해'라며 자책했습니다. 하지만 자아 고갈 이론을 알면 그렇게 생각하지 않아도 됩니다. 자아 고갈 이론에 따르면 우리가 계획을 실천하지 못하는 이유는 자기 통제력이 부족한 것이 아니라 의지력을 효율적으로 사용하지 않았기 때문입니다. 자아가 고갈되면 우리는 아무리 노력하고 싶어도 노력조차 할 수 없게 됩니다.

이제부터 노력이 부족하다고 자책하기 전에 내 상태부터 확인해야겠어요. 그렇다면 자기 통제력을 효율적으로 사용할 수 있는 방법은 무엇이 있나요?

우선, 자기 통제력이 필요한 상황을 줄여야 합니다. 사람들은 새해가 되면 의욕이 충만해져서 금연, 다이어트, 금주 등 다양한 계획을 세웁니다. 하지만 이 모든 것은 시간이 지날수록 실패하고 맙니다. 왜냐하면 계획을 너무 많이 세웠기 때문입니다.

자기 통제력을 발휘하는 일은 굉장히 힘들고 고통스러운 일입니다. 그런데 계획을 많이 세우면 자기 통제력도 자주 사용해야 합니다. 결국 자기 통제력은 한계가 있어 계획을 실천할 확률은 점점 낮아집니다. 하나님도 세상을 창조할 때 하루에 하나씩 만들었습니다. 너무 많은 계획을 세워 실천하려는 욕심을 버리고 하나씩 차근차근 실천하는 것이 중요합니다.

생각해보니 계획을 너무 많이 세우면 항상 실천하지 못하는 것 같아요. 그런데 한 가지 계획도 제대로 실천하지 못하는 경우는 어떻게 해야 할까요?

그런 경우 계획을 구체적으로 세워야 합니다. 혹시 돋보기로 종이를 태운 경험이 있나요? 돋보기로 초점을 맞추어 빛을 모으면 종이를 쉽게 태울 수 있습니다. 하지만 초점을 맞추지 않고 이

리저리 움직이면 아무리 오랜 시간이 지나도 종이를 태울 수 없습니다. 애매한 계획은 애매함 그 자체만으로 피로감을 줄 수 있습니다.

그러므로 살을 빼기 위해 '음식을 적게 먹자'라는 계획보다는 '저녁 10시 후에는 음식을 먹지 말자' 같은 구체적인 계획을 세우는 것이 좋습니다. 선생님들도 '하루에 한 번 학생 칭찬하기'와 같은 계획보다는 '1교시 시작하기 전에 박○○ 학생 칭찬해주기'와 같이 구체적인 계획을 세우고 실천하는 것이 좋습니다. 즉 계획을 구체적으로 세워 자신도 모르게 새어나가는 자기 통제력을 줄여야 합니다.

확실히 계획을 구체적으로 세우면 실천하기 좋을 것 같아요. 그런데 만약 자기 통제력이 고갈된다면 어떻게 회복할 수 있나요?

자기 통제력이 고갈된다면 자기 통제력을 회복하기 위해 음식과 수면을 조절해야 합니다.

이스라엘의 가석방 승인율은 평균 35퍼센트라고 합니다. 그런데 가석방 승인율을 시간대별로 분석하면 놀라운 사실이 발견됩니다. 식사 직전에는 0퍼센트까지 현저하게 떨어지는 가석방 승인율이 식사 후에는 65퍼센트로 상승하는 결과가 나왔습니다.

왜 이런 결과가 나왔을까요?

자기 통제력이 고갈될 때 사람들은 결정을 유보하거나 회피하는 선택을 합니다. 즉 변화보다는 현재 상황을 유지하는 성향이 강해집니다. 그래서 판사들은 배가 고플 때 가석방이라는 어려운 선택보다 현 상황을 유지하는 가석방 거부를 선택하게 됩니다. 하지만 식사 후 배가 든든해지면 자기 통제력이 높아져 가석방이라는 어려운 선택을 하게 됩니다.

냉철하고 이성적인 판사들도 자아 고갈을 경험하다니 신기하네요. 저도 아이들을 가르칠 때 중간중간 초콜릿이나 사탕 같은 군것질을 하면서 자기 통제력을 높여야겠네요.

자기 통제력을 회복하려면 혈당이 높은 음식을 섭취해야 합니다. 그런데 사탕이나 초콜릿은 단기간의 목표를 실천할 때는 도움이 되지만 장기간의 목표를 실천할 때는 효과가 미미하다고 합니다. 왜냐하면 설탕이 많이 첨가된 사탕이나 초콜릿은 흡수 시간이 짧기 때문입니다. 그래서 사탕보다는 견과류, 과일, 치즈, 생선처럼 혈당을 서서히 상승시키는 음식이 좋습니다. 이러한 음식은 흡수 시간이 길어 오랫동안 자기 통제력을 회복하고 유지하는 데 효과가 뛰어납니다. 자기 통제력을 꾸준히 발휘하여 목표를 달성하려면 건강한 음식을 매일 골고루 섭취하는 것이 중요합니다.

매번 귀찮다고 아침을 먹지 않았는데 이제부터 아침을 잘 먹어야겠네요. 그런데 음식 말고 자기 통제력을 높이기 위한 다른 방법은 없을까요?

충분한 수면 또한 자기 통제력을 회복하는 데 도움이 됩니다. 충분한 휴식과 수면은 몸에서 요구하는 포도당의 양을 낮추고 혈관 속의 포도당을 전체적으로 활성화합니다. 수면이 불규칙하면 불확실한 상황에 부딪혔을 때 혼란에 빠지기 쉽습니다. 실제로 수면을 충분히 취하지 못한 직장인들은 비도덕적인 행동을 할 가능성이 높다고 합니다. 잠이 보약입니다. 자기 통제력을 최대한 활용하려면 수면 시간을 충분히 확보해야 합니다.

참고로 저는 계획을 꾸준히 실천하지 못해 고민하는 분들에게 가장 먼저 수면 시간이 충분한지 묻습니다. 그리고 잠을 자고 일어나는 시간을 규칙적으로 지키라고 이야기합니다. 하루하루 규칙적으로 반복되는 생체 리듬은 자기 통제력 회복과 밀접한 관계가 있기 때문입니다.

아플 때 의사 선생님이 잘 먹고 잘 자라고 하는데 괜히 하는 말이 아니군요. 전 지금까지 노력과 열정 부족으로 목표를 이루지 못한다고 생각했어요. 그런데 그보다 자기 통제력이 더 중요하다는 것을 알았어요. 노력과 열정이 있어도 자기 통제력을 관리하지 않으면 소용없겠군요.

우리 주변에는 계획을 세우고 꾸준하게 실천하는 사람들이 있습니다. 그리고 그런 사람들을 보면서 부러움과 질투를 느낍니다. 또한 그 사람들과 자신을 비교하며 '나는 왜 노력이 부족할까'라는 생각으로 자신을 자책합니다. 하지만 이제부터 자책과 비난을 멈추기를 바랍니다.

우리가 계획을 꾸준하게 실천하지 못하는 이유는 단지 노력과 열정 부족 때문이 아닙니다. 노력과 열정이 있어도 자기 통제력을 관리하지 못하면 금방 포기하게 됩니다. 자기 통제력을 효율적으로 사용하여 올해는 꼭 계획한 일을 실천하길 바랍니다.

하기 싫은 일을 끝까지
할 수 있을까요?

지각적 범주화

저는 어떤 일을 하든 "재미없어", "지루해"를 매번 반복합니다. 처음에는 열심히 하는 척하다가 시간이 지나면 하던 일을 멈추게 됩니다. 심지어 남들이 다 좋아하는 게임이나 드라마도 쉽게 질립니다. 누군가 윽박지르면서 억지로 시키면 하는 척만 할 뿐 금방 포기합니다. 한마디로 저는 뭐든 쉽게 포기합니다.

요즘 살이 너무 쪄서 건강에 적신호가 왔습니다. 꾸준한 운동으로 살을 빼라는 의사의 조언이 있었지만 제가 과연 꾸준히 할 수 있을지 의문이 듭니다. 하기 싫은 일을 꾸준히 하는 방법이 있을까요?

☐ 나중에 수술해서 살을 빼는 방법도 있으니 걱정하지 마세요.

☐ 하기 싫은 일을 하면 스트레스만 받아요. 스트레스가 더 무섭습니다.

☐ 같은 일도 매일 새롭게 느껴지도록 만들면 쉽게 포기하지 않을 거예요.

'시작이 반이다'라는 말을 들어본 적 있나요? 일단 결심하고 행동으로 옮긴다면 반은 성공했다는 뜻으로 고대 그리스의 유명한 철학자 아리스토텔레스의 말입니다. 그러나 시작한다고 그 일을 해낼 수 있는 것은 아닙니다. 고작 반만 끝냈을 뿐입니다. 작심삼일(作心三日)이라는 말처럼 끝까지 노력하지 않으면 시작은 그냥 시작일 뿐입니다.

뭐라고 반박하기도 어렵지만 정말 냉정한 말이네요. 그런데 저도 사연자처럼 하기 싫은 일은 정말 못하겠더라고요. 매번 중간에 포기해요. 열정이나 전문성이 부족해서 그런가요?

중간에 일을 포기하면 자신의 열정이나 전문성이 부족하다고 생각하며 자책하는 사람이 있습니다. 하지만 심리학을 알면 자책할 필요가 없습니다. 심리학에 따르면 사람들이 중간에 포기하는 이유는 열정과 전문성과는 상관없이 당연한 현상이라고 합니다.

중간에 포기하는 현상이 당연하다고요? 어떤 근거라도 있나요?

심리학 교수인 마페리마 투르-티예리(Maferima Toure-Tillery)와 에일릿 피시바흐(Ayelet Fishbach)는 하누카 명절[1]을 지키는

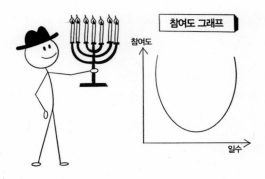

유대인들을 관찰하면서 재미있는 현상을 발견했습니다. 이 명절
은 8일간 지속되는데 명절 기간에는 정성을 들여 촛불을 켜는 의
식이 있었습니다. 8일 동안 200명의 유대인을 조사한 결과 촛불
을 켜는 의식 참여도가 U자형 패턴으로 나타났습니다. 첫날 밤
에는 유대인 중 76퍼센트가 촛불 의식을 행했으나, 둘째 날은 55
퍼센트, 다음날은 점점 더 떨어져 결국 43퍼센트의 유대인만 촛
불 의식에 참여했습니다. 그런데 마지막 날은 57퍼센트로 다시
올라갔습니다.

---

1) 유대인들이 시리아의 지배에 대항해 반란을 일으키고 예루살렘 성전을 탈환한 것을 기념하면서
시작된 유대교의 중요한 명절.

신앙심이 낮은 유대인들 때문에 참여도 평균이 낮아진 것은 아닌가요? 그런데 마지막 날의 참여도 평균이 올라간 건 이해가 되지 않네요.

　　연구자들도 신앙심이 낮은 유대인들이 중간에 촛불을 켜지 않아 평균을 떨어뜨렸다고 생각했습니다. 하지만 실험을 자세히 분석한 결과, 중간에 평균이 떨어지는 패턴은 신앙심과 전혀 상관이 없었습니다. 오히려 신앙심이 깊을 사람일수록 마지막 날에 참여도가 높아져 U자형 패턴을 보였습니다.

　　U자형 패턴과 신앙심은 상관없다는 말이군요. 혹시 중간에 포기하는 현상은 나이와 상관없나요? 젊으면 체력이 좋아서 중간에 포기하는 사람이 적을 것 같아서요.

　　하누카 명절을 연구한 두 교수도 비슷한 생각을 했습니다. 그래서 그들은 청소년들을 대상으로 실험을 진행하였습니다. 두 교수는 실험에 참여할 청소년들에게 종이에 그려진 그림 여러 장을 가위로 오리라고 했습니다. 그 결과 첫 번째 종이와 마지막 종이를 오린 정확도는 높았지만, 중간에 있는 종이는 상대적으로 대충 오리는 경향이 있었습니다. 이 외에도 다양한 연구를 통해 사람들은 일의 중간 지점이 되면 대충하거나 포기하는 경향이 있다는 사실을 발견했습니다. 결론적으로, 중간에 포기하거나 대충하는 현상은 나이, 경험과 상관없이 모든 사람에게 나타났습니다.

하기 싫은 일을 중간에 포기하는 현상은 당연하다는 말이죠? 그렇다면 중간에 포기하지 않고 하기 싫은 일을 끝까지 할 수 있는 방법이 있나요?

'지각적 범주화(Perceptual Categorization)'를 활용하면 중간에 포기하지 않고 일을 끝까지 할 수 있습니다. 우리는 보통 어떤 일을 할 때 무의식적으로 정보를 분류하고 이해하는 경향이 있습니다. 이때 새로운 정보를 기존에 가지고 있는 생각의 범주 중 어느 곳으로 보낼 것인지 선택하게 되는데 이를 지각적 범주화라고 합니다.

잘 이해가 되지 않아요. 혹시 구체적인 사례를 소개해줄 수 있나요?

지각적 범주화를 검증한 유명한 실험 하나를 소개하겠습니다. 실험을 위해 연구자는 참가자를 두 그룹으로 나누었습니다. 그리고 그들에게 여러 가지 맛이 있는 사탕을 맛보게 하고 사탕에 대한 평가를 부탁했습니다. 그런데 이때 한 그룹은 참가자가 먹을 사탕의 전체 개수만 알려주었습니다. 다른 그룹은 사탕 종류별로 사탕의 개수를 알려주었습니다. 예를 들어 체리맛(2개), 사과맛(1개), 딸기맛(3개) 사탕이 있다면 한 그룹은 사탕이 6개라는 전체 개수만 알려주고, 다른 그룹은 종류별로 사탕이 몇 개 있는지 정확히 알려주었습니다. 과연 두 그룹은 사탕 맛을 어떻게 말했을까요?

두 그룹 다 똑같이 말했을 것 같아요. 어차피 먹은 사탕이 같으니까요.

그런데 결과는 놀랍게도 달랐습니다. 사탕의 총 개수만 아는 참가자들보다 다양한 맛의 사탕을 구별해가며 먹은 참가자들이 사탕을 더 맛있다고 평가했습니다. 왜냐하면 다양한 범주로 나누어 사탕을 먹은 참가자들은 각각의 사탕 맛에 대한 차이에 집중했기 때문입니다. 그래서 사탕 먹는 것을 반복한다고 생각하지 않았습니다. 하지만 하나의 범주로 생각하고 사탕을 먹은 참가자들은 똑같은 사탕이라고 생각하며 금방 지루해했습니다. 사탕 먹는 것을 반복한다는 인식 자체만으로 사탕에 대한 평가가 달라진 것입니다.

신기하네요. 결국 같은 일이라도 범주를 여러 개로 나누면 포기하지 않고 끝까지 할 수 있는 힘을 얻겠네요. 아무래도 덜 지루하다고 생각하

니까요.

사람은 기본적으로 지루함을 싫어하고 색다른 것을 선호하는 경향이 있습니다. 아무리 좋아하는 일이라도 계속 반복하면 언젠가 지루해집니다. 그래서 지루함을 덜 느끼려면 같은 일이라도 범주를 여러 개로 나누는 것이 좋습니다.

그렇다면 하기 싫은 운동을 꾸준히 하려면 어떻게 해야 할까요?

매일 운동한다고 생각하면 지루해질 수 있습니다. 하지만 운동을 여러 하위 범주로 나누면 지루함을 덜 느낄 수 있습니다. 예를 들어 '일주일에 세 번 운동하기'라고 계획하면 지루함을 금방 느끼지만, '일주일 중 하루는 가슴, 하루는 등, 하루는 하체'라고 계획하면 지루함을 덜 느끼고 꾸준히 운동을 할 수 있습니다. 실제로 헬스 트레이너는 그렇게 인식하고 운동을 하며, 월요일은 'International Chest Day(가슴 운동의 날)'라고 표현하며 반복되는 지루함을 줄인다고 합니다.

운동뿐만 아니라 다른 일도 마찬가지입니다. 예를 들어 학교에서 보고서 작성할 때 다이어리에 '보고서 작성'이라고 적기보다는 '보고서 디자인 정하기', '보고서 주제 작성', '관련 자료 찾기' 등 세분화해서 적는 것이 좋습니다. 그리고 세분화한 일을 하면 펜으로 다 했다는 표시를 합니다. 그렇게 하면 보고서를 쓸 때 성취감이 늘어나고 많은 일을 해낸 것처럼 뿌듯한 마음이 들 것입니다. 왜냐하면 한 가지 일을 했을 뿐인데 여러 가지 일을 한 것처럼 느껴지기 때문입니다.

일상생활에서 지각적 범주화를 활용하면 많은 도움이 될 것 같아요. 당장 집안일도 지각적 범주화를 활용해서 여러 하위 범주로 나눠야겠네요.

지각적 범주화는 힘들고 괴로운 상황에서도 큰 도움을 줍니다. 토론토대학 심리학과 조던 퍼터슨(Jordan Bernt Peterson) 교수는 자신의 베스트셀러 책 『12가지 인생의 법칙』에서 인생의 힘든 시기가 오면 시간 단위를 짧게 끊어 생각하라고 조언합니다. 만약 다음 주가 걱정되면 우선 내일만 생각하고, 내일도 걱정된다면 앞으로 1시간 혹은 10분에만 집중하라고 합니다.

작은 심리 차이가 매일 반복되면 습관이 됩니다. 그리고 그 습관이 우리의 생활을 더 즐겁고 행복하게 만들어줄 수 있습니다. 어떤 일을 할 때 최소 2개 이상 하위 범주를 만든 후 일을 하는 지각적 범주화를 활용해보길 바랍니다. 그러면 포기하고 싶은 마음이 덜 생기게 될 것입니다. 그리고 일을 끝까지 하는 데 도움이 될 것입니다.

무슨 일을 하든 남들에게
끌려다니기만 합니다

정박 효과

저는 어릴 적부터 "소심하다", "우유부단하다"라는 소리를 많이 들었습니다. 이런 제 성격이 불만이지만 큰 불편이 없어 그냥 지내고 있습니다. 그런데 교사가 된 후 제 성격에 대한 고민이 생겼습니다. 업무를 맡거나 학급을 운영할 때 상대방에게 항상 끌려다니기만 합니다. 다른 선생님의 부탁을 거절하지 못하는 경우가 많고, 학급 운영을 할 때 학생들이 반발하면 어떠한 활동이나 과제도 제대로 추진하지 못합니다. 경력이 쌓이면 달라질 줄 알았는데 소용없습니다. 전 이렇게 남들에게 끌려다니며 지내야 할까요?

□ 아이들에게 끌려다니면 힘들어요. 단호하게 말하세요.

□ 선생님의 타고난 성격입니다. 그냥 지금처럼 지내야죠.

□ 협상 전략을 사용해보세요. 그러면 대화의 주도권도 잡고 남들에게 끌려다니지 않을 거예요.

어릴 때부터 살아온 환경과 가치관이 사람의 성격을 만듭니다. 그리고 '세 살 버릇 여든까지 간다'라는 속담처럼 한 번 만들어진 사람의 성격은 나이가 들어도 좀처럼 변하지 않습니다. 낯을 심하게 가리는 사람이 갑자기 외향적으로 변하거나, 신중하고 소심한 사람이 갑자기 대범해지기란 어려운 일입니다. 그래서 사람은 자신과 다른 사람에게 큰 피해가 발생하지 않으면 성격을 바꾸려고 하지 않습니다.

보통 성격은 3~12세 사이에 완성된다고 들었어요. 저는 뭐든 잘 잊어버리고 덤벙거리는 성격이라서 고치고 싶은데 쉽지 않더라고요. 노력해봤지만 잘 고쳐지지 않더라고요.

누군가에게 큰 피해를 주거나 내가 큰 피해를 받지 않으면 그대로 지내도 괜찮습니다. 하지만 고민 글을 남긴 사연자처럼 학교에서 스트레스를 받는다면 성격을 고치려고 노력해야 합니다. 그런데 성격을 고칠 수 있을까요? 꾸준한 노력으로 성격을 고치면 좋겠지만 어릴 적 형성된 성격을 고치기란 쉽지 않습니다. 그렇다고 사연자가 아무것도 안 하고 지낸다면 매번 주변 사람들에게 끌려다니며 살 것입니다.

상대방에게 끌려다니며 살지 않으려면 머릿속으로 이미지를 그리면서 연습하는 이미지 트레이닝을 하면서 미리 대비를 해야 합니다. 업무를 나누거나 부탁할 때, 학생들에게 숙제를 낼 때 등 다양한 상황을 가정하면서 선생님만의 협상 전략을 갖고 이미지 트레이닝을 하며 연습하고 적용해야 합니다.

성격을 바꾸는 것은 어려우니 협상 전략을 갖고 이미지 트레이닝으로 연습하며 대비하라는 거군요. 그런데 어떤 협상 전략을 사용하면 남들에게 끌려다니지 않고 지낼 수 있을까요?

남들에게 끌려다니지 않기 위한 협상 전략으로 재미있는 실험을 하나 소개하겠습니다. 심리학 교수 대니얼 카너먼(Daniel Kahneman)과 에이머스 트버스키(Amos Tversky)는 숫자 돌림판을 조작하는 실험을 진행했습니다. 숫자 돌림판에는 숫자가 0부터 100까지 표시되어 있는데, 돌림판을 돌리면 10 또는 65에서 멈추게 조작했습니다. 실험 참가자들이 숫자 돌림판을 돌리자 10 혹은 65 숫자가 나왔습니다. 참가자들이 숫자를 확인하면 다음과 같은 질문을 했습니다.

"유엔에 가입한 아프리카 국가의 비율이 몇 퍼센트인가요?"

숫자 돌림판에 나온 숫자와 위 질문의 정답은 전혀 관련이 없습니다. 그러므로 참가자들은 숫자 돌림판에 나온 숫자를 무시해

야 합니다. 그러나 숫자 돌림판에서 10을 본 참가자들은 평균적
으로 아프리카 국가의 비율이 25퍼센트라고 대답했고, 65를 본
참가자들은 평균적으로 45퍼센트라고 대답했습니다.

숫자 돌림판에 나온 숫자와 정답은 전혀 관련이 없잖아요. 저라면 돌
림판에 나온 숫자를 무시하고 내 생각을 말했을 것 같은데 왜 이런 현상
이 나타났을까요?

참가자들은 돌림판에 나온 숫자를 무시하고 싶었지만 그럴 수
없었습니다. 왜냐하면 숫자 돌림판에 나온 숫자가 무의식적으로
기준점이 되었기 때문입니다. 사실 우리 뇌는 불투명한 상황에

놓이면 어떻게든 판단할 수 있는 기준점을 찾게 됩니다. 심리학에서는 이런 현상을 마치 배가 닻을 내리면, 닻과 배를 연결한 밧줄의 범위 내에서 움직이도록 정박하는 것과 비슷해 '정박 효과(Anchoring Effect)'라고 합니다. 정박 효과는 처음에 인상적이었던 숫자나 단어가 기준점이 되어 그 후의 판단에 왜곡 혹은 편파적인 영향을 미치는 현상입니다.

솔직히 기준점이 내 판단에 영향을 미친다는 것이 믿기지 않아요. 일상생활에서 정박 효과를 자주 볼 수 있나요?

마트에 있는 물건 중 정상가 옆에 할인가가 붙어 있는 물건을 보면 어떤 생각이 드나요? 갑자기 물건을 사고 싶다는 생각이 들지 않나요? 만약 그렇다면 정상가가 기준이 되어 할인가가 굉장히 싸게 느껴지는 정박 효과 때문입니다. 우리는 할인가뿐만 아니라 '원 플러스 원' 혹은 '덤 증정' 같은 이벤트를 진행하는 물건을 보면 더 싸게 느낍니다. 이미 구매자는 기존 가격이 기준점이 되었기 때문에 할인된 가격으로 물건을 구입하면 합리적 소비를 했다고 생각하기 때문입니다. 그래서 대형마트에서는 구매자들의 소비를 부추기기 위해 정박 효과를 이용합니다.

명품매장도 마찬가지입니다. 명품매장은 사람들이 구입하

기 어려운 수천만 원 상당의 옷이나 소품을 가장 잘 보이는 데 전시합니다. 왜냐하면 그 제품을 보고 나면 다른 곳에 진열된 200~300만 원 가격의 제품은 상대적으로 싸게 느껴지기 때문입니다.

일상생활에서 정박 효과를 자주 볼 수 있다니 신기하네요. 혹시 또 다른 사례도 있나요?

주식시장에서도 정박 효과의 무서움을 경험할 수 있습니다. 평소에 10만 원인 특정 종목이 갑자기 10퍼센트가 떨어져 9만 원이 된다면 우리는 저가 매수의 기회라고 생각합니다. 이때 사람들은 무슨 이유에서 이런 상황이 발생했는지 고려하지 않고 '지금이 기회다'라고 느끼며 일단 매수를 하게 됩니다. '무릎에 사서, 어깨에 팔아라'라는 주식 명언은 이미 머릿속에서 사라지고 10만 원이라는 금액에 정박되어 9만 원의 주식을 사게 됩니다. 이러한 현상은 매수뿐만 아니라 매도할 때도 일어나며 주식시장뿐만 아니라 부동산 투자를 할 때 자주 나타납니다.

정박 효과의 사례를 들으니 일상생활 속에서 정박 효과는 아주 다양하게 나타나는 것 같아요. 그런데 사연자처럼 무슨 일을 하든 남들에게

끌려다니는 사람이 있다면 정박 효과를 어떻게 적용하면 좋을까요?

누군가에게 부탁할 때 정박 효과를 활용하여 기준점을 크게 제시하면 남들에게 끌려다니는 일을 줄일 수 있습니다.

예를 들어 선생님이 학교 홍보 영상을 만들 때 상대방에게 "학교 홍보 영상을 만들려고 하는데 사진 수합 좀 도와줄 수 있나요?"라는 말보다 우선 "선생님, 학교 홍보 영상 만들려고 하는데 사진 수합 및 편집 좀 도와줄 수 있나요?"라는 큰 부탁을 하는 것이 좋습니다. 이후 상대방이 거절하면 "그렇다면 혹시 사진 수합을 도와줄 수 있나요?"라고 이전보다 작은 부탁을 합니다. 상대방은 이미 처음 부탁이 기준점이 되어 있는 상태입니다. 그래서 상대적으로 나중에 한 부탁이 쉬워 보이게 됩니다. 두 번째 부탁을 들으면 '이 정도는 도와줘야지'라는 생각에 거절하지 않을 것입니다. 다만 여기에서도 규칙이 있습니다. 큰 부탁을 할 때 너무 극단적이고 무리한 부탁을 하면 안 됩니다. 그러면 작은 부탁을 할 때 상대방이 아예 귀를 닫아버릴 수 있습니다.

반대로 상대방의 제안을 거절할 때는 나의 기준점을 낮게 제시하여 상대방이 큰 요구를 하지 않도록 차단할 수 있습니다.

저도 누군가에게 부탁을 받은 적이 있는데, 상대방이 저런 방법으로 부탁하니 거절하기 어렵더라고요. 저도 당장 활용해야겠어요.

학생들에게 숙제 낼 때도 정박 효과를 활용할 수 있습니다. 아이들에게 숙제란 하기 싫은 일입니다. 그래서 어떤 숙제든 숙제라는 말만 들어도 아이들의 반응은 좋지 않습니다. 그래서 처음 숙제를 제시할 때 일부러 숙제의 양을 부풀려서 안내합니다. 그러면 아이들은 많은 양의 숙제가 오늘 숙제의 기준점이 됩니다.

예를 들어 아이들에게 안내할 숙제가 1개 있으면 처음에 숙제가 4개 있다고 말합니다. 이렇게 부풀려서 숙제를 내면 아이들은 숙제가 너무 많다고 걱정합니다. 그때 청소나 떠들지 않기 등 여러 가지 이유를 들어 숙제를 줄여줍니다. 그리고 마지막에는 숙

제를 1개만 냅니다. 그러면 아이들은 처음 숙제 4개가 1개로 줄어서 좋아할 것입니다. 왜냐하면 아이들에게 오늘 숙제의 기준점이 4개였기 때문입니다.

너무 좋은 협상 전략인 것 같아요. 학생들뿐만 아니라 친구들이나 자녀에게도 정박 효과를 활용하면 좋을 것 같아요.

'여우와는 살아도 곰하고는 못 산다'라는 속담이 있습니다. 협상을 잘하는 여우의 모습은 연인 관계뿐만 아니라 직장생활에도 적용할 수 있습니다. 성격에 따라 차이는 있겠지만 협상하는 능력은 노력하면 얻을 수 있습니다. 정박 효과를 잘 활용하면 매번 남들에게 끌려다니는 곰 같은 성격을 가진 선생님도 여우 같은 영리한 모습을 보여줄 수 있습니다. 정박 효과를 활용하여 협상의 주도권을 나에게 가져오길 바랍니다.

쉽게 포기하는 아이를
어떻게 지도하면 좋을까요?

'To Date'(벌써 이만큼 했어), 'To Go'(앞으로 이만큼 남았어) 전략

우리 반 아이들은 뭐든 쉽게 포기합니다. 처음에는 열심히 하는 척하더니 시간이 지나면 하던 일을 멈춥니다. 그리고 "재미없어", "지루해"라는 말을 매번 반복합니다. 처음에는 윽박지르면서 억지로라도 시켰는데 시간이 지나면서 점점 지칩니다. 다양한 교육 도구나 수업 방법을 활용해봤고 칭찬스티커 같은 유인책도 써봤지만 소용없습니다. 쉽게 포기하는 우리 반 아이들을 어떻게 가르치면 좋을까요?

☐ 다른 방법은 없습니다. 억지로 시키세요.

☐ 걱정하지 마세요. 아이들이 다 그렇죠. 선생님 잘못이 아니에요.

☐ 한마디라도 아이들의 마음을 움직이는 말을 해보면 좋을 것 같아요.

KBS에서 방영한 〈슈퍼맨이 돌아왔다〉를 본 적 있나요? 일명 '슈돌'이라고 불렸는데, 유명인 아빠들이 홀로 자신의 아이를 돌보는 육아·관찰 예능 프로그램입니다. 그 프로그램에는 다양한 에피소드가 등장하는데 저는 마시멜로 실험에 도전하는 문희준의 딸 잼잼이(본명 문희율)가 가장 기억에 남았습니다.

저도 그 에피소드를 봤었어요. 그런데 특별히 그 에피소드가 기억에 남는 이유가 있나요?

마시멜로 실험은 아이의 참을성과 자제력을 알아보는 실험입니다. 마시멜로를 먹지 말라는 아빠의 말을 듣고 잼잼이는 끝까지 참았습니다. 문희준은 그런 딸을 보면서 "역시 내 딸이야"라고 말하며 대견해했고, 시청자들은 그 에피소드의 아름다운 결말을 볼 수 있었습니다. 그런데 저는 마시멜로를 먹지 않고 참아내는 아이의 모습을 보며 안타까운 마음이 들었습니다.

좋은 결말이 나왔는데 왜 안타까운 마음이 들었나요?

마시멜로 실험이 참을성과 자제력을 알 수 있는 실험이라고 생각했는데 심리학을 공부하면서 마시멜로 실험의 오류에 대해 알게 되었습니다. 그래서 마시멜로를 먹지 않고 기다린 잼잼이의 모습에서 안타까운 마음이 들었습니다.

저도 마시멜로 실험은 참을성과 자제력을 알 수 있는 실험이라고 들었는데. 제가 잘못 알고 있었군요. 혹시 마시멜로 실험에 어떤 오류가 있나요?

마시멜로 실험은 마시멜로를 먹은 아이들과 먹지 않고 참은 아이들을 30년간 추적·조사한 실험입니다. 실험을 주관한 심리학자 월터 미셸 박사(Walter Mischel)는 어린 시절에 참을성과 자제력을 발휘한 아이들은 자라서도 성공적인 삶을 살고 있고, 그렇지 못한 아이들은 주위의 유혹에 잘 흔들리는 어른으로 성장한다는 결과를 발표했습니다.

하지만 이 실험에는 큰 오류가 있었습니다. '마시멜로 실험 오류'라고 알려진 발표에 따르면 실험 대상자 선정이 문제였습니다. 실제로 마시멜로 실험에 참여한 참가자 중 마시멜로를 먹지 않고 기다렸던 아이들은 스탠퍼드 연구진의 자녀 혹은 중산층 이상의 환경에서 자란 아이들이었습니다. 그 아이들은 마시멜로를 먹지 말라는 말을 듣고 기다리면 나중에 먹을 수 있다는 것을 이미 경험으로 알고 있는 아이들이었습니다. 결론적으로 이 실험 결과에

서 알려주는 것은 아이들의 자질이 아니라 아이들을 둘러싼 환경이었습니다.

설명을 들으니 이 실험이 왜 오류인지 이해가 되네요. 마시멜로 실험에 통과하지 못한 아이들은 참을성이나 자제력이 없다는 섣부른 편견을 가질 수 있겠네요.

아이들의 성향은 자라온 환경에 따라 변합니다. 그런데 아이들을 둘러싸고 있는 환경에는 선생님도 있습니다. 결국 선생님의 지도 방법에 따라 아이들이 어떤 모습으로 성장할지 영향을 받게 됩니다. 참을성이나 자제력이 없어 쉽게 포기한다고 말한 사연자의 반 아이들도 선생님의 노력에 따라 변화할 수 있습니다.

그렇다면 쉽게 포기하는 아이들을 어떻게 가르치면 좋을까요?

요즘 뜨고 있는 메타버스나 로봇을 활용하여 아이들의 흥미를 불러일으킬 수 있습니다. 그리고 어떤 활동을 할 때 성공할 수 있는 작은 목표를 설정해 아이들의 자신감을 키우는 방법도 있습니다. 이 외에도 다양한 방법이 있지만 저는 단순한 말 한마디로 아이들의 마음을 움직이는 방법을 알려드리고 싶습니다.

단순한 말 한마디로 아이들의 마음을 움직인다고요? 그게 가능한가요? 쉽지 않을 것 같은데 어떤 방법이 있나요?

우리는 어떤 일을 할 때 마음가짐이 중요하다고 합니다. 그런데 이 마음가짐에도 전략이 필요합니다. 'To Date(벌써 이만큼 했어) 전략'과 'To Go(앞으로 이만큼 남았어) 전략'을 활용하면 어떤 현상을 보는 마음가짐을 긍정적으로 바꿀 수 있습니다. 그리고 쉽게 포기하는 아이들을 가르칠 때 이 전략은 큰 도움을 줄 수 있습니다.

'To Date(벌써 이만큼 했어) 전략'과 'To Go(앞으로 이만큼 남았어) 전략'은 안드레아 보네찌(Andrea Bonezzi)와 미구엘 브렌들(Miguel Brendl) 교수가 제안한 대화 전략입니다. 두 교수는 대학에서 기부금 모금 목표를 달성하는 과정을 살펴보았습니다. 그런데 기부하는 초반에 '벌써 이만큼 모았습니다'라는 'To Date 전략'이 'To Go 전략'보다 훨씬 효율적이라는 사실을 알게 되었습니다. 그러나 이 메시지의 힘은 후반부로 갈수록 약해졌습니다. 반면에 '앞으로 이만큼만 모으면 됩니다'라는 'To Go 전략'은 초반에는 큰 영향을 주지 않았지만, 후반으로 갈수록 효율적이라는 사실을 알게 되었습니다. 이를 통해 어떤 일을 해낼 때 중간 지점에서 다른 메시지로 전환하면 더 강한 동기 부여가 일어난다는 사실을 발견했습니다.

말 한마디로 결과가 달라진다니 신기하네요. 일을 시작할 때와 중간 지점에 말을 다르게 해야겠네요.

어떤 일을 시작할 때 'To Date(벌써 이만큼 했어) 전략'을 활용하면 마음을 움직일 수 있습니다. 예를 들어 10시간 걸리는 일을 할 때 초반에는 '벌써 2시간이나 일을 했어!', '벌써 3시간이 지났네!'라고 생각합니다. 그러면 시간은 더 빨리 가고 나에게 끊임없이 동기 부여를 줄 수 있습니다. 그리고 목표의 반이 지나는 지점에서는 'To Go(앞으로 이만큼 남았어) 전략'을 활용하면 됩니다. '앞으로 2시간밖에 안 남았네!', '이제 1시간만 일하면 끝나는구나!'라고 마음먹으면 포기하지 않고 일을 할 수 있습니다.

정말 좋은 방법인 것 같아요. 아이들을 가르칠 때 'To Date 전략'과 'To Go 전략'을 활용하면 좋을 것 같아요. 혹시 선생님께서 이 전략을 활용한 사례가 있나요?

사연자처럼 아이들의 마음을 움직이기 위해 칭찬스티커를 활용하는 선생님이 많습니다. 그런데 아이들에게 칭찬스티커라는 보상을 줄 때 'To Date 전략'과 'To Go 전략'을 활용하면 아이들은 칭찬스티커를 받기 위해 더 노력할 것입니다.

예를 들어 초반에는 'To Date 전략'을 활용하여 칭찬스티커

하나를 미리 주고 시작합니다. 그러면 0개에서 시작할 때보다 동기가 더 높아져 칭찬스티커 받는 노력을 더 많이 하게 될 것입니다. 마치 커피 전문점에서 도장 하나를 미리 찍어주는 것과 비슷하다고 생각하면 됩니다. 그리고 칭찬스티커를 반 정도 모은 아이들에게는 'To Go 전략'을 활용하는 것이 좋습니다. "현재 스티커를 몇 개 받았네"라는 말보다 "앞으로 스티커 몇 개만 더 받으면 다 채울 수 있어"라는 말이 아이들의 마음을 움직이는 데 큰 도움이 될 것입니다.

학생들에게 숙제를 내거나 학생들과 장기간 프로젝트 활동을 할 때 이 전략을 활용하면 좋을 것 같아요.

처음에 소개한 마시멜로 실험에서 아이들이 마시멜로를 먹지 않게 하는 방법이 있습니다. 그것은 바로 뚜껑을 닫아주는 것입니다. 실제로 뚜껑만 닫아주어도 마시멜로를 먹지 않고 참는 아이들이 많아졌다고 합니다. 쉽게 포기하는 아이들을 지도할 때 교사가 말 한마디만 다르게 해도 도움이 될 수 있습니다. 마시멜로 실험의 뚜껑처럼 'To Date 전략'과 'To Go 전략'을 활용한다면 쉽게 포기하는 아이들을 가르칠 때 큰 도움이 될 것입니다.

PART 4

행동으로 실천하기

퇴근할 때마다
학교를 그만두고 싶은 생각이 듭니다

정점과 종점 규칙

퇴근하는 길 남자친구에게 전화가 옵니다.

"오늘 하루 어땠어?"

"어 그냥 그랬어."

사실 오늘 하루는 무척 힘들었습니다. 아침부터 학생들 다툼을 말리느라 정신이 없었고 퇴근하기 전까지 공문을 처리하느라 숨 쉴 틈도 없었습니다. 하지만 남자친구는 내 상황을 설명해도 이해하지 못합니다. 남자친구는 이 세상에서 가장 편한 직업을 교사라고 생각하기 때문입니다.

학교에 출근하면 좋지 않은 일이 꼭 일어납니다. 그리고 퇴근할 때 그 일이 떠오르며 나를 더 우울하게 만듭니다. 매일 퇴근할 때마다 기운이 빠지고 학교를 그만 다니고 싶다는 생각이 듭니다. 전 어떻게 하면 좋을까요?

☐ 집에서 술을 마시세요. 힘들었던 학교생활은 금방 잊게 될 거예요.

□ 퇴근하기 전에 좋은 기억을 만들어보세요. 좋은 기억이 기분을 좋게 만들 거예요.

□ '피할 수 없으면 즐겨라'라는 조언을 마음속에 새기며 하루하루 버티는 것이 좋지 않을까요?

심리학자 대니얼 카너먼의 저서 『생각에 관한 생각』에는 대장 내시경 치료(이 당시에는 수면 내시경이 아니었습니다)를 받은 환자 154명을 조사한 내용이 있습니다. 그는 치료받은 환자에게 60초마다 느끼는 고통을 0~10으로 나누어 점수를 매기도록 했습니다. 그리고 연구에 참여한 환자의 실시간 고통을 그래프로 표시하여 나타냈습니다. 환자 A와 B 중 누가 더 고통스러웠을까요?

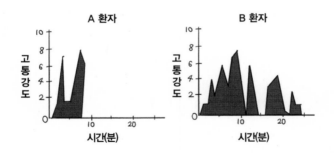

당연히 B 환자가 더 고통스럽지 않을까요? A 환자보다 치료 시간이 길잖아요. 그래프를 보면 확실히 B 환자가 고통스럽다는 것을 알 수 있어요.

아마 그래프를 보면 B 환자의 고통이 더 크다고 생각할 것입니다. 왜냐하면 A 환자보다 B 환자의 치료 시간이 훨씬 길고, 치료 받는 동안 고통의 총량도 B 환자가 압도적으로 크기 때문입니다. 그런데 치료가 끝난 후 이상하게도 B 환자는 A 환자보다 덜 고통스럽다고 평가했습니다. 즉 A 환자가 더 고통스럽다는 결과가 나온 것입니다. 왜 이런 결과가 나왔을까요?

B 환자가 참을성이 크거나 고통을 덜 느끼는 것 아닐까요?

이 실험은 154명의 모든 환자들에게 똑같이 진행되었습니다. 그리고 결과는 A, B 환자의 사례와 똑같았습니다. 그래서 카너먼 교수는 고통의 총량이나 치료 시간이 아닌 다른 점에 주목하게 됩니다.

그래프를 보면 두 환자가 느낀 최악의 고통 점수는 똑같이 8점이지만, 대장 내시경 치료가 끝나는 시점에 느낀 고통 점수는 서로 다릅니다. A 환자는 최악의 고통과 비슷한 7점을 경험하면서 치료를 마쳤습니다. 하지만 B 환자는 치료가 끝나는 시점까지 고통이 점점 줄어들면서 마지막에 1점의 고통 강도를 경험하면서 치료를 마쳤습니다.

놀라운데요. 치료 시간이나 고통의 총량이 아니라 마지막 순간에 느낀 고통의 강도가 수술의 고통을 결정한다는 것인가요?

맞습니다. B 환자는 마지막 순간에 오히려 고통에서 벗어나는 기억이 남았습니다. 즉 치료를 받는 동안 고통을 받았다 할지라도, 치료가 끝나기 직전 편안한 느낌을 받은 환자는 그렇지 않았던 환자보다 치료에 대한 기억이 훨씬 좋았던 것입니다. 대니얼 카너먼 교수는 이 실험을 통해 사람들은 지난 일을 평가할 때 '가장 좋았던 일'과 '가장 마지막 일'이 그 경험의 좋음과 나쁨을 결정한다는 사실을 발견했습니다. 그리고 이러한 현상을 '정점과 종점 규칙(Peak-End Rule)'으로 불렀습니다. 정점과 종점 규칙에 따르면 사람들은 경험을 회상하며 평가할 때 전체적으로 경험했던 일의 평균이 아니라 기억에 남는 몇 가지 경험으로 평가한다고 말합니다.

너무 성급한 일반화 아닌가요? 혹시 다른 사례도 있으면 알려주세요.

우리 주변에서 이러한 사례는 쉽게 찾아볼 수 있습니다. 스포츠 경기 관람을 즐기는 경우 응원하는 팀이 계속 잘하고 있다가 마지막 순간에 경기에서 지면 경기 전체를 망쳤다고 느끼는 경우가 많습니다. 또한 콘서트에 가서 신나게 놀다가 마지막에 음향 사고가 발생한다면 우리는 그 공연 관람을 망쳤다고 생각합니다. 공연의 대부분 시간은 즐거웠어도 마지막 짧은 시간이 아주 강렬하게 인상을 남겼기 때문입니다. 매번 100점을 받은 학생이 마지막에 90점을 받으면 고통스럽지만, 50점을 받은 학생이 마지막에 90점을 받으면 행복한 것도 같은 이치입니다.

지난주 여행을 갔는데 돌아오는 길에 아이와 크게 다퉜어요. 분명 숙소도 마음에 들고 음식도 맛있었는데 그 여행은 생각조차 하기 싫었어요. 이것도 정점과 종점 규칙에 해당하겠군요. 그렇다면 학교에서 즐거운 마음으로 퇴근하려면 어떻게 하면 좋을까요?

'정점과 종점 규칙'을 활용하여 학교에서 겪을 수 있는 경험의 순서를 디자인하는 방법이 있습니다. 나를 힘들고 지치게 하는 일들은 오전에 처리하고, 퇴근하기 전에는 행복한 일들만 경험하는 것입니다. 물론 퇴근 시간까지 행복한 일을 경험하기는 쉽지 않습니다. 아이들이 하교한 후 퇴근하기 전까지 그 짧은 시간 동안 밀린 업무도 처리해야 하고 학부모 민원 및 학생 상담도 해야하기 때문입니다. 그래도 퇴근하기 10~20분 전에는 행복한 시간을 만들어보길 추천합니다. 퇴근하기 전에 친한 선생님들과 차를

마시면서 즐거운 이야기를 나눌 수도 있고, 좋아하는 유튜브 영상 시청이나 독서를 하면서 여유를 느껴볼 수 있습니다. 선생님들이 좋아하고 즐길 수 있는 작은 일부터 한번 도전해보길 바랍니다.

선생님뿐만 아니라 모든 직장인이 활용하면 좋을 것 같네요. 저도 매일 퇴근할 때마다 녹초가 되거든요.

정점과 종점 규칙은 학교뿐만 아니라 다른 직장에서도 활용할수 있습니다. 그리고 어른들뿐만 아니라 아이들에게도 정점과 종점 규칙을 활용할 수 있습니다. 아이들도 마지막 순간이 경험을 평가할 때 큰 영향을 줍니다. 혹시 아이들에게 즐거운 학교생활을 만들어주고 싶나요? 그렇다면 마지막 수업 시간이나 종례 시간에는 최대한 웃으면서 보내줘야 합니다. 즐겁게 학교생활을 보낸 아이도 하교하기 전에 혼난다면 부모님께 "학교생활 재미없어"라고 말할 가능성이 큽니다. 아이를 키우는 부모님도 마찬가지입니다. 아이가 잘못한 일이 있어도 자기 전에는 혼내지 말고 용서하며 꼭 안아줘야 합니다. 만약 자기 전에 혼내고 재우려고 한다면 "아빠는 날 미워해"라는 하소연을 들으며 밤을 지새울 수 있습니다. 아이가 큰 잘못을 해도 자기 전에는 꼭 안아주면서 용서해주길 바랍니다.

'아빠는 날 미워해'는 왠지 선생님이 직접 경험했던 일 같네요. 맞나요?

부끄럽지만 맞습니다. 그 말을 들은 이후 저는 아이가 큰 잘못을 해도 자기 전에 꼭 안아주면서 화해합니다. 그리고 가족들과 여행 가거나 외식을 할 때 마지막 순간을 조심하고 있습니다. 돌아오는 길에 다투면 그날 노력했던 일들이 모두 소용없게 되고 좋지 않았던 일들로 기억되기 때문입니다.

설명을 들으니 이해가 되네요. 정점과 종점 규칙을 직장뿐만 아니라 일상에서도 자주 활용해야겠어요.

사실 저도 사연자처럼 퇴근하기 전까지 계속 일을 했습니다. 급한 성격과 완벽주의적 성향으로 일은 계속 몰려왔고, 퇴근하기 전까지 일을 마치려면 쉴 틈이 없었습니다. 퇴근하고 집에 돌아오면 하루가 너무 피곤했고, 아내에게 "힘들다"라는 말을 자주 했습니다. 그러나 요즘에는 즐거운 마음으로 집에 돌아오고 있습니다. 퇴근하기 30분 전, 저는 독서를 하면서 행복한 경험을 만들고 있습니다. 그 시간에는 모니터도 잠시 꺼두고 전화도 최대한 받지 않으려 합니다. 그러다 보니 최근 아내에게 "요즘에는 힘들다는 말을 덜하네?"라는 말을 들었습니다. 그리고 예전에는 "선생님 아직도 일하세요?", "표정이 어두워요. 안 좋은 일 있어요?"라는 말을 많이 들었는데 요즘에는 "오늘 좋은 일 있었어요?"라는 말을 자주 듣습니다.

즐거운 마음으로 퇴근하면 내 마음이 긍정적으로 바뀝니다. 그리고 가정에서도 그 마음을 유지해서 즐겁게 생활할 수 있습니다. 오늘 하루 너무 힘든가요? 정점과 종점 규칙을 활용하여 퇴근하기 전 좋은 경험을 만들길 바랍니다.

나 때는 그러지 않았는데
지금은 왜 그런지 모르겠네요

사후 확신 편향(그럴 줄 알았어 효과)

제가 젊었을 때는 그러지 않았는데 요즘 후배 교사들의 모습을 보면 답답하고 이해가 되지 않습니다. 최근에 점점 교직 사회가 개인주의적인 성향으로 변한 것은 알겠지만 솔직히 너무 심한 것 같습니다. 특히 일을 회피하는 모습이나 눈치 없는 모습을 보면 화가 납니다. 선생님이라면 열정과 책임감으로 학교생활을 해야 하지 않나요? 나 때는 그러지 않았는데 지금은 왜 그런지 모르겠습니다.

☐ 잘못된 행동을 보이면 선생님께서 따끔하게 이야기해주세요.

☐ 그러니까요. 요즘 문제입니다. 그래도 뭐라고 하지 마세요. 말해도 달라지지 않아요.

☐ 인간은 망각의 동물이라는 말이 떠오르네요. 선생님 젊은 시절에도 선배들은 똑같은 이야기를 했을 거예요.

여러분은 과정과 결과 중 무엇이 더 중요하다고 생각하나요?

예전에는 과정이 더 중요하다고 생각했는데 요즘에는 조금씩 바뀌고 있어요. 최근 선배 교사에게 "열심히 하는 건 누구나 할 수 있어. 결국 잘하는 게 중요해"라는 말을 들었을 때 공감이 되더라고요.

"결과 없는 과정은 무의미하고, 과정 없는 결과는 아름답지 않다"라는 말을 남긴 축구선수 요한 크루이프(Johan Cruyff)의 말처럼 과정과 결과 둘 중 하나를 선택하기란 쉽지 않습니다. 과정과 결과의 중요성은 현재 겪고 있는 상황 혹은 현재 자신의 가치관에 따라 달라질 것입니다. 그런데 아무리 시간이 지나도 달라지지 않는 점이 있습니다. 그것은 결과에 따라 과거에 했던 과정

들을 긍정적으로 생각하거나 부정적으로 생각하는 사람들의 심리입니다.

　마지막 말이 의미심장하네요. 사실 저도 결과에 따라 과거에 했던 일들을 포장하는 경향이 있거든요. 특히 주식 투자할 때 그런 생각이 많이 들어요. 똑같은 판단 과정을 거쳤는데 주식이 오르면 과정이 긍정적으로 보이고 반대가 되면 과정이 부정적으로 보이더라고요.

　사람들은 어떠한 일의 결과를 알고 난 뒤에 "그럴 줄 알았지", "처음부터 그렇게 될 줄 알았어"라는 말로 마치 사전에 충분히 예측할 수 있었던 것처럼 착각하는 경향이 있습니다. 이런 심리 현상을 '사후 확신 편향(Hindsight Bias)'이라고 부르며 다른 말로는 '그럴 줄 알았어 효과(Knew-it-all-along Effect)'라고도 부릅니다. 『프레임』의 저자로 유명한 최인철 교수는 이러한 현상을 선견지명(先見之明)에 빗대어 '후견지명(後見之明)'이라고 불렀습니다.

　사후 확신 편향을 '그럴 줄 알았어'라는 말로 바꾸니 이해하기 쉬운 것 같아요. 생각해보니 사후 확신 편향은 일상생활에서 자주 볼 수 있는 것 같아요. 어떤 학생이 학교폭력을 일으켰는데 다들 "그 아이는 그럴 줄 알았다"라고 말하더라고요. 제가 담당 교사라서 너무 힘들었는데 "그럴 줄 알았다'라는 말을 들었을 때 '그럴 줄 알았으면 일이 생기기 전에 말하면 되잖아'라는 생각을 했어요.

　어떤 결과가 나오든 일이 일어난 후에는 쉽게 설명할 수 있습니다. 사후 확신 편향은 일이 일어난 후에는 무엇이든지 설명할 수 있는 사람의 착각에서 나타납니다. 그래서 사후 확신 편향에 빠지면 자기의 능력을 과신하고 어떤 결과가 나와도 놀라지 않게 됩니다.

　예를 들어 '신규 선생님이 담임을 맡으면 아이들의 학교생활이 즐겁다'라는 연구 결과를 알려주면 "그거야 당연하지. 신규 선생님이 처음 반을 맡으면 아이들에게 애정이 많고 다양한 활동도 많이 할 거야"라고 말할 것입니다. 반대로 '신규 선생님이 담임을 맡으면 아이들의 학교생활이 힘들다'라는 연구 결과를 발표하면 "당연하지. 신규 선생님이 처음 반을 맡으면 아무것도 모르기 때문에 어수선하고 혼란스러워"라고 말할 것입니다.

　사람은 결과에 따라 과정을 재해석하는 경향이 큰 것 같아요. 그런데 사후 확신 편향은 왜 일어나는 걸까요?

　처음 생각과 다른 결과, 특히 잘못된 결과가 나온다면 우리 뇌는 인지 부조화를 일으켜 실망감과 책임감이 커집니다. 그리고 실망감과 책임감은 우리 마음을 불편하게 만듭니다. 결과를 바꿀 수는 없으므로 불편한 마음을 줄이려면 결국 우리 뇌를 속여야 합니다. 그래서 이미 잘못된 결과가 나올 줄 알고 있었고, 현재 나는 실망하지 않고 있다고 믿어야 합니다. 다시 말해 사후 확신 편향은 사람들이 정보 과부하를 피하고 자신을 좀 더 긍정적으로 평가하기 위해 나타나는 현상입니다. 사후 예측이라도 실제 상황과 일치한다면 자기 자신에 대해 긍정적으로 생각할 수 있기 때문입니다.

어떤 큰 사건이나 사고가 일어날 때 '예고된 참사'라고 말하는 것도 비슷한 현상인 것 같아요. 또 스포츠 경기에서 결과가 나온 이후에 '이길 줄 알았다' 혹은 '질 줄 알았다'라고 평가하는 것도 마찬가지고요. 그런데 사후 확신 편향은 언제 사람들에게 알려지게 되었나요?

사후 확신 편향이 처음으로 체계화되어 알려지게 된 것은 바루크 비시호프(Baruch Fischoff)와 루스 베이스(Ruth Beyth)의 실험 덕분입니다. 두 연구자는 실험 참가자들에게 '닉슨 대통령이 공산권 국가들을 방문하면 회담 결과가 어떻게 될 것인가?'라는 질문을 예측하도록 하였습니다. 참고로 닉슨 대통령의 공산권 국가 방문은 냉전 시대를 종결하는 첫 출발점이었습니다. 그래서 회담 결과가 어떻게 될지는 아무도 몰랐습니다.

회담 결과는 성공적이었습니다. 회담이 끝나고 참가자들에게 "회담 결과를 어떻게 예측했었나요?"라며 이전에 했던 대답을 물어봤습니다. 그런데 참가자들은 과거에 본인이 했던 말과 다르게 닉슨 대통령의 회담 결과를 바탕으로 자신의 예측을 이야기했습니다. 즉 회담 결과를 부정적으로 예측했던 참가자들이 자신은 긍정적으로 예측했다고 주장했습니다. 이 외에도 다양한 실험에서 참가자들은 과거의 언행을 현재의 프레임으로 재해석하는 경향을 보여주었습니다.

설명을 들으니 사연자도 자신의 고민이 사후 확신 편향인지 아닌지 진지하게 생각해보면 좋을 것 같아요. 생각해보면 "나 때는 그러지 않았는데"라는 말은 예전에 어른들이 즐겨 썼던 것 같아요.

사실 어느 시대나 나이 든 선생님은 젊은 선생님의 모습이 못마땅합니다. 그래서 젊은 선생님은 버릇없고 책임감이 부족하다고 비판합니다. 그러면서 그들은 자신의 과거 모습을 떠올리며 "나 때는 그러지 않았는데"라는 말을 합니다. 그리고 자신들은 예의 바르고 책임감이 강했다고 회상하며 젊은 선생님의 모습을 이해하지 못합니다. 사실 자신의 완벽한 과거 모습을 떠올리면 현재 젊은 선생님의 모습은 부족해 보일 수 있습니다. 하지만 후배 교사를 이해하는 선생님이 되기 위해서는 "나 때는 그러지 않았는데"라는 말을 하기 전에 다음과 같은 질문을 스스로에게 묻고 솔직하게 답하려고 노력해야 합니다.

'나의 신규 시절은 어땠을까?'
'젊은 시절 나는 어떤 어려움이 있었을까?'

기록을 살펴보면 조선 시대에도 나이 든 사람이 "우리 때는 안 그랬는데 말세야 말세"라고 말하면서 젊은 사람의 모습을 비판했다고 합니다. 그리고 보면 "사람 사는 모습은 옛날이나 지금이나 다 똑같다"라는 말이 빈말은 아닌 것 같습니다.

이야기를 듣다 보니 "너무 외모에 신경쓰는 거 아니야?"라고 말했던 아빠의 모습이 떠오르네요. "나 때는 안 그랬는데 너는 왜 그러냐"라고 핀잔을 줬어요. 보다 못한 할머니가 아빠의 젊은 시절 사진을 보여줬는데 깜짝 놀랐습니다. 장발 파마머리와 백바지 그리고 구두를 신은 아빠의 사진을 보면서 웃음이 나오더라고요. 사진을 본 이후 외모에 대한 아빠의 잔소리가 사라졌어요.

정말 재미있는 경험이네요. 사실 나부터 바뀌면 모든 것이 바뀔 수 있습니다. 유럽의 어느 묘비에는 다음과 같은 비문이 적혀 있다고 합니다.

내가 젊고 자유로우며 상상력에 제한이 없었을 때, 나는 세계를 바꾸는 꿈을 꾸었다.

내가 점점 나이가 들고 좀 더 현명해졌을 때, 나는 세계가 바뀌지 않을 것이란 사실을 알게 되었다. 그래서 나는 시야를 좁혀 우리 나라만이라도 바꾸자고 결심했다.

하지만 그것 역시 불가능해 보였다.

나는 황혼기로 접어들어 마지막 간절한 희망으로, 나와 가까이 있는 우리 가족만이라도 바꾸려 했으나 그들 역시 바뀌지 않았다.

이제 임종 자리에 누워서야, 나 자신만이라도 먼저 바꾸었다면 그럼 그것을 모범으로 우리 가족을 바꿀 수 있으리라고 문득 깨달았다. 그러면 그들의 영감과 격려를 바탕으로 나는 우리 나라를 더 좋게 만들 수 있었을 것이다. 누가 알겠는가? 내가 어쩌면 세계도 변화시켰을지.

"나 때는 그러지 않았는데 지금은 왜 그럴까?"라는 말이 나오기 전에 나 자신부터 객관적으로 보길 바랍니다. 나 자신의 과거 모습을 객관적으로 보면 상대방의 말과 행동을 이해하는 데 큰 도움이 될 것입니다. 그리고 그런 노력을 지속하면 '나 때도 그랬지만 지금은 달라져야 할 텐데' 혹은 '나 때는 더 심했는데 지금은 많이 좋아졌구나'라는 생각으로 바뀌게 될 것입니다.

실패가 두려워
도전하기 싫습니다

손실 회피 편향

초임 시절이 엊그제 같은데 이제 벌써 20년차 중견 교사입니다. 신규 시절에 허둥대던 제 모습과는 사뭇 많이 달라졌고 어느 정도 여유도 생겼습니다. 학급경영이나 업무도 익숙해져 몸과 마음이 편하다는 생각도 하고 있습니다. 그런데 몸이 편할수록 주변을 돌아보게 됩니다. 그리고 마음이 불편해집니다. 학급경영이나 수업 등을 연구하며 자기계발하는 선·후배 선생님들을 보면서 '나는 이렇게 지내도 괜찮을까?'라는 생각이 듭니다.

최근 대학원에 가서 공부하고 싶다는 생각이 자주 듭니다. 이전에는 육아 때문에 포기했는데 아이들이 자라면서 여유도 생겼습니다. 그런데 막상 도전하려니 용기가 나지 않습니다. 비용과 시간 낭비인 것 같고 '도전했다 실패하거나 후회하면 어떡하지?'라는 걱정과 두려움이 먼저 듭니다. 실패가 두려워 도전하기 싫은 마음을 어떻게 극복할 수 있나요?

□ 지금도 충분히 멋집니다. 도전하지 못해도 너무 자책하지 마세요.

□ 지금 와서 무슨 도전인가요? 실패하면 후회만 더 커집니다. 편하게 지내세요.

□ 새로운 시작에 대한 두려움은 누구나 가질 수 있어요. 조급하게 생각하지 말고 도전하는 용기를 얻으면 좋을 것 같아요.

2021년 전 세계적으로 큰 인기를 끌었던 한국 드라마 〈오징어 게임〉을 본 적 있나요? 무직에 도박쟁이인 주인공 이정재(기훈 역)는 상금 456억 원을 차지하기 위해 서바이벌 게임에 참여합니다. 서바이벌 게임에 참여하기 전 기훈은 공유(양복남 역)를 만나 게임에 참여할 수 있는 티켓을 얻게 됩니다. 그 장면에서 양복남은 티켓을 얻는 방법으로 기훈에게 딱지치기를 제안합니다.

그 장면 기억나요. 처음에는 이긴 사람이 10만 원을 받고 진 사람은 10만 원을 잃는 조건으로 양복남이 제안했어요. 그런데 기훈이 첫 번째 제안을 거절하자 양복남이 조건을 바꿨어요. 졌을 때 돈이 없으면 뺨을 맞는 걸로요. 조건을 바꾸니 기훈은 딱지치기를 승낙했어요.

맞습니다. 양복남이 다른 조건을 제시하자 기훈은 딱지치기 게임에 참여했습니다. 첫 번째 제안을 거절한 기훈이 두 번째 제안은 왜 승낙했을까요?

돈을 잃고 싶지 않았기 때문인 것 같아요. 그렇지만 두 번째 제안은 돈을 잃는 걱정이 없잖아요. 그러니까 게임에 참여할 수 있던 것 같아요.

기훈이 처음 제안을 거절한 이유는 양복남이 사기꾼 같다는 정서적인 이유와 돈을 잃기 싫다는 경제적인 이유가 컸습니다. 그런데 두 번째 제안으로 돈을 잃기 싫다는 경제적인 이유가 없어졌습니다. 그래서 '밑져야 본전이다'라는 생각으로 기훈은 게임에 참여했습니다. 주인공 기훈처럼 사람은 이득을 얻는 기쁨보다 손실을 통한 고통을 더 크게 느껴 회피하는 성향이 있는데 심리학에서는 이를 '손실 회피 편향(Loss Aversion)'이라고 부릅니다.

손실 회피 편향은 심리학자이자 경제학자인 대니얼 카너먼 교수와 아모스 트버스키 교수가 제안한 '전망 이론(Prospect Theory)'에서 가장 먼저 논의되었습니다. 전망 이론에 따르면 사람들은 이득보다 손실에 더 민감하게 반응한다고 합니다. 그래서 어떤 일을 하려면 손실보다 이득에 더 큰 가치가 있어야 그 일을 시작할 수 있다고 합니다.

어느 정도 차이가 있어야 이득이 손실보다 더 큰 가치가 있다고 생각하나요? 구체적인 상황을 설명해줄 수 있나요?

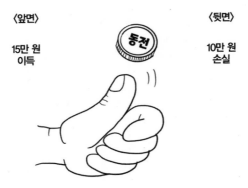

〈앞면〉 15만 원 이득

〈뒷면〉 10만 원 손실

동전

　여러분이 동전을 던져서 앞면이 나오면 15만 원을 받고 뒷면이 나오면 10만 원을 잃는 게임을 제안받았습니다. 여러분은 이 게임에 참여할 건가요?

　저는 게임에 참여하지 않을 것 같아요. 15만 원을 버는 것보다 10만 원을 잃는 게 더 두려워서요.

　연구 결과에 따르면 사람들은 이 게임에 참여하지 않는다고 합니다. 왜냐하면 15만 원의 이익보다 10만 원의 손실이 더 크게 느껴지기 때문입니다. 사실 경제학 이론에 따르면 이 게임은 참여하는 것이 이득입니다. 기대 이익이 손실보다 5만 원이나 크기 때문입니다. 하지만 사람들의 마음은 경제학 이론대로 움직이지 않습니다. 실제로 사람들은 마음에 자리 잡고 있는 손실 회피 편향 때문에 게임에 참여하지 않습니다.

카너먼 교수의 연구에 따르면 손실에 대한 감정은 이득에 비해 2~2.5배 더 큰 영향력을 갖는다고 합니다. 그래서 사람들이 동전 던지기 게임에 참여하려면 적어도 20~25만 원 이상 이익이 있어야 선택을 고민한다고 말합니다.

선생님 설명을 들으니 주변에서 손실 회피 편향을 자주 볼 수 있는 것 같아요. 새로운 식당보다는 매번 갔던 식당을 가는 경향이 있는데 이것도 손해 보기 싫어하는 마음 때문인 것 같아요.

사실 손실 회피 편향은 인간의 생존 본능에 가깝습니다. '돌다리도 두드려 보고 건너라', '가만히 있으면 중간은 간다'라는 속담처럼 한순간의 실수와 잘못된 선택으로 행복했던 삶이 불행해질 수 있습니다. 실패가 두려워 도전하기 싫다는 사연자의 고민은 어쩌면 당연한 생각입니다. 사연자가 나약한 성격이 아니라 사람이라면 누구나 가질 수 있는 일반적인 현상입니다. 도전하지 않는 자신이 무능력하다고 자책할 필요가 없습니다.

그런데 우리 주변에는 실패에 대한 두려움을 극복하고 다양한 분야에

도전하면서 노력하는 선생님들도 많잖아요. 그런 분들처럼 어떤 일에 도전하려면 어떻게 하는 것이 좋을까요?

실패에 대한 두려움을 극복하고 도전하는 방법으로 〈태종 이방원〉 드라마의 한 장면을 소개하겠습니다. 이 드라마는 시종일관 인물들의 갈등으로 이야기가 전개되는데 드라마의 후반부에는 양녕대군(당시 세자)과 충녕대군(훗날 세종)이 왕위를 놓고 신경전을 벌이는 장면이 나옵니다. 양녕대군은 항상 학문이 뛰어나고 성실한 충녕대군과 비교당합니다. 그래서 양녕대군은 충녕대군을 못마땅하게 여깁니다. 그러던 어느 날 양녕대군과 충녕대군이 아버지 태종과 신하들이 있는 자리에 초대받습니다. 이때 신하들이 충녕대군의 총명함을 칭찬하자 양녕대군은 "충녕은 아는 것은 많지만 용맹하지 못합니다. 그게 문제지요"라고 비아냥거립니다. 그러자 충녕대군은 다음과 같이 말합니다.

"용기는 아는 것에서 나오고 두려움은 무지에서 나온다고 합니다. 그러니 아는 것이 많아질수록 저같이 용맹하지 못한 사람도 점점 용기를 얻겠지요."

실패에 대한 두려움을 극복하고 어떤 일에 도전하려면 용기가 필요합니다. 그런데 용기는 마음먹는다고 지닐 수 있는 것이 아닙니다. 충녕대군의 말처럼 용기를 가지려면 아는 것이 많아야 합니다. 아는 것이 많아지는 여러 방법 중 저는 독서를 추천하고 싶습니다.

독서가 필요하다는 것은 저도 잘 알고 있어요. 독서에 대한 장점은 어릴 적부터 많이 들었고 학생들에게도 독서의 중요성을 이야기하거든요. 그런데 부끄럽게도 막상 독서를 실천하기란 너무 어렵네요. 어떻게 하면 독서를 꾸준하게 실천할 수 있나요?

저도 처음에 독서를 별로 좋아하지 않았습니다. 사실 독서를 처음 제대로 시작한 시기는 2007년, 만 스물한 살이었습니다. 이 전까지 만화책을 제외하고 집에 있는 책은 교과서밖에 없었습니다. 부모님께서 여러 권의 책을 사 주며 책 읽기를 강요했지만 소용없었습니다. 그런데 친하게 지냈던 형의 책장을 보면서 자극을 받았습니다. 읽기 어려운 책들로 가득한 형의 방을 보면서 어린 나이에 '있어 보이고 싶다는' 허영심이 작동했고 그 허영심이 저의 첫 독서 시작이었습니다.

허영심으로 독서를 시작했다니 정말 흥미롭네요. 허영심이라는 단어는 원래 부정적인 느낌이 강한데 독서를 시작하는 동기였다고 들으니 긍정적으로 보여요.

물론 허영심만으로 독서를 꾸준히 하기란 쉽지 않았습니다. 그러나 '시작이 반이다'라는 말처럼 허영심이 독서를 시작하게 해 준 계기가 된 것은 분명합니다. 그런데 독서를 하면서 독서에 흥미를 잃은 적도 많았습니다. 좋은 책을 고르기도 쉽지 않고 그 당시에 독서보다 다른 재미있는 일들이 더 많았기 때문입니다. 그런데 독서에 흥미를 잃게 될 무렵 우연히 독서 동아리와 독서 모임을 알게 되었고, 지금은 독서 모임을 통해 독서를 꾸준히 할 수 있는 힘을 얻고 있습니다.

독서는 혼자 하면 된다고 생각했는데 아닌가요? 독서 모임이 필요한가요?

책 읽기에는 정답이 없습니다. 책을 혼자 읽는 것도 좋은 방법입니다. 다만 저는 독서에 흥미를 잃을 무렵 독서 모임으로 힘을 얻었습니다. 독서 모임을 통해 다른 사람과 의견을 나누면서 내 생각을 정리할 수 있었고, 다양한 분야의 책을 읽게 되면서 책에 대한 흥미를 다시 갖게 되었습니다. 만약 독서에 흥미가 떨어지는 순간이 온다면 독서 모임을 추천하고 싶습니다.

저도 사연자처럼 도전하고 싶은 용기는 부족했지만 비교심리는 강했

어요. 열심히 생활하는 주변 선생님과 비교하면서 자존감이 낮아졌던 적
도 있었어요. 그런데 이번에 손실 회피 편향을 알게 되면서 위축될 필요
가 없다는 생각이 들었어요. '원래 사람은 다 그렇구나'라고 생각하니 마
음이 편하네요. 그리고 오늘부터 독서를 실천해봐야겠어요.

인생의 중요한 시기에 현상 유지와 새로운 도전 중 하나를 선
택해야 하는 상황이 발생합니다. 그리고 사람들은 손실 회피 편
향에 따라 현상 유지 선택을 선호하게 됩니다. 새로운 도전을 피
하고 현상을 유지하는 성향은 우리가 나약한 것이 아니라 손실
을 막으려는 본능 때문입니다. 어떤 선택을 하든 후회하지 않는
마음가짐이 중요합니다. 또한 언제든 도전할 수 있는 용기도 중요
합니다. 용기만 있다면 내 상황을 살피며 언제든 도전할 수 있습
니다. 독서를 통해 실패가 두려워 도전하기 싫은 마음을 이겨내
길 바랍니다.

관리자는 꼰대 선생님의
나쁜 행동을 왜 모른 척할까요?

방관자 효과

우리 학교 선배 교사를 소개합니다. 그 선배 교사는 회의 시간에 본인이 하고 싶은 말만 하고 다른 사람의 말을 듣지 않습니다. 그리고 자신의 의견에 반대하는 말이 나오면 과거 이야기를 장황하게 늘어놓거나 윽박질러 말을 막습니다. 그리고 회식 자리를 강요하며 참석하지 않는 선생님을 은근히 뒷담화합니다. 이것 말고도 그 선배 교사의 꼰대 기질은 너무 많습니다. 그런데 신기하게 관리자만 선배 교사의 실체를 모릅니다. 관리자가 모르는 척 넘어가는 것인지 진짜로 모르는지 알 수 없지만 답답하기만 합니다.

☐ 아마 관리자는 잘 모를 거예요. 아무도 이야기하지 않으니까요.

☐ 알면 달라지나요? 참으세요. 인생은 호사다마라고 했습니다. 언젠가 벌 받겠지요.

☐ 세상이 원래 그런 거예요. 그런 사람이 아부는 잘합니다. 아마 다른 사람이

다 싫어해도 관리자들은 좋아할 거예요.

tvN에서 방영한 드라마 〈미생〉은 직장인들의 애환과 현대인의 삶을 잘 보여주었습니다. 그래서 당시에 직장인들 사이에는 '미생' 열풍이 불었습니다. 드라마에는 다양한 직장인 유형이 등장하는데 그중 마 부장이라는 전형적인 꼰대 상관이 등장합니다. 가부장적인 사고방식으로 남녀차별 언행과 부하 직원을 손찌검하는 만행을 서슴지 않으며 윗사람에게는 수준급으로 아부하는 모습도 보여줍니다. 그런데 드라마가 아닌 현실에도 마 부장처럼 꼰대 같은 선생님이 있을까요? 그리고 이런 유형의 선생님이 학교생활을 잘할 수 있을까요?

솔직히 마 부장같이 손찌검하는 선생님은 없지만 비슷한 유형의 꼰대 교사는 있는 것 같아요. 꼰대 교사는 좋은 인상으로 접근하지만 뒤에서는 주변 사람들을 이간질하고 뒷담화를 잘하더라고요. 그런데 본인은 남들이 다 좋아하는 줄 알고 있어요. 참 어이없죠.

'꼰대'를 두 유형으로 분류하면 '자신이 꼰대인 줄 아는 사람'과 '자신이 꼰대인 줄 모르는 사람'으로 구분할 수 있습니다. 자신이 '꼰대'인 줄 아는 사람과 함께 있으면 화는 나지만 얄밉지는 않습니다. 그리고 자신이 꼰대인 줄 알기 때문에 언젠가 좋은 계기가 마련되면 변화할 가능성도 미약하게나마 남아 있습니다. 그런데 자신이 꼰대인 줄 모르는 사람과 함께 있으면 화날 뿐만 아니라 얄밉기까지 합니다. 자신이 꼰대라고 생각하지 않기 때문에 꼰대 모습을 고치려 하지 않고 오히려 다른 사람을 비난합니다. 그리고 그러한 유형의 꼰대는 남들이 본인을 좋아한다고 착각합니다.

맞는 것 같아요. 그런데 저의 경험상 관리자들은 꼰대 같은 선생님을 좋아하더라고요. 동료 선생님들에게 보이는 모습과는 다르게 관리자 앞에서는 가식적인 모습을 보이기 때문인 것 같아요.

관리자는 꼰대 같은 선생님의 행동을 알아차릴 만도 하지만 그 행동을 제지하지 않습니다. 그래서 꼰대 같은 선생님과 관리자가 모종의 관계가 있다는 음모론을 제기하는 선생님도 있습니다. 그들은 관리자가 꼰대 선생님의 나쁜 행동을 모르는 척 넘어가는 것인지 진짜 모르는지 알 수 없다며 고개를 젓습니다.

꼰대 같은 선생님의 나쁜 행동을 관리자들이 왜 모를까요?

꼰대 같은 선생님의 나쁜 행동을 관리자들이 모르는 이유는 다양합니다. 선생님이 말했듯이 꼰대 같은 선생님이 관리자 앞에서는 철저하게 자신의 모습을 감출 수도 있고, 알면서도 문제가 생기길 원하지 않아서 모른 척 넘어갈 수도 있습니다. 아니면 꼰대 선생님이 아부를 잘해서 넘어갈 수도 있습니다. 그런데 사람들이 생각하지 못한 또 다른 이유가 있습니다. 그것은 행동과학자 인시야 후세인(Insiya Hussain)이 말한 '방관자 효과(Bystander Effect)'입니다.

방관자 효과요? 방관자 효과는 매년 심폐소생술 배울 때 들었던 이론인 것 같아요. 이 효과랑 꼰대 선생님의 이야기랑 어떤 관계가 있나요?

방관자 효과는 주위에 사람들이 많을수록 어려움에 처한 사람을 돕지 않게 되는 현상을 뜻합니다. 인시야 후세인의 연구에 따르면 관리자가 꼰대 같은 선생님의 나쁜 행동을 모르는 이유는 다른 선생님들 모두가 그 선생님의 나쁜 행동을 잘 알기 때문이라고 말합니다. 다시 말해, 꼰대 선생님의 나쁜 행동을 다른 사람들도 다 알고 있다는 생각이 들면 굳이 자신이 관리자에게 가서 말하지 않는다고 합니다. 많은 사람이 알수록 책임감이 분산되어서 '누군가 말하겠지'라는 생각을 하며 방관하고 넘어가기 때문입니다.

꼰대 선생님의 나쁜 행동을 많이 알수록 관리자에게 그 소식이 빠르게 전달될 줄 알았어요. 그런데 오히려 방관자 효과가 발생할 수 있다니 놀랍네요.

인시야 후세인은 방관자 효과를 설명하기 위해 실험을 진행했습니다. 그는 학교에 다니는 셔틀버스가 부족해서 다양한 문제가 발생할 수 있다는 점을 학생들에게 안내했습니다. 그리고 그 문제를 학교 이사회 측에 제기할 수 있다고 말해주었습니다. 이때 학생들을 두 개의 그룹으로 나누었는데, A그룹 학생들은 다른 학생들도 이사회 측에 문제 제기가 가능하다는 사실을 알고 있었습니다. 반면에 B그룹 학생들은 이사회 측에 문제 제기가 가능하다는 점을 본인만 알고 있는 것으로 알았습니다. 과연 어느 그룹에서 이사회에 문제 제기를 많이 했을까요?

B그룹일 것 같아요. A그룹은 책임감이 분산되어 이사회에 문제를 말하지 않았을 것 같아요.

맞습니다. A그룹은 '나 말고 다른 학생들도 문제 제기가 가능

한 점을 알고 있구나'라고 생각했지만, B그룹은 달랐습니다. 그들은 자신이 이사회에 문제를 말하지 않으면 셔틀버스 부족으로 발생하는 불편을 해결할 수 없다고 생각했습니다. 즉 책임감이 더 높아진 것입니다. 그래서 B그룹에 있는 학생들은 A그룹보다 2~3배 더 많이 이사회 측에 문제를 제기했습니다. 이후 이와 비슷한 다양한 실험을 했는데 결과는 똑같이 나왔습니다.

학교에서도 꼰대 선생님의 나쁜 행동을 많은 선생님이 알고 있어서 문제가 제기되지 않을 수 있다는 말이군요.

방관자 효과는 '누군가 말하겠지'라는 지레짐작 때문에 발생합니다. 그래서 꼰대 같은 선생님이 문제를 일으켜도 아무도 이야기하지 않습니다. 더군다나 자신의 말과 행동이 잘못이라고 이야기하는 사람이 없어 '자신이 꼰대인 줄 모르는 사람'이 생겨납니다. 결국 그 문제를 해결할 수 있는 관리자도 모르는 현상이 발생합니다. 그러므로 꼰대 선생님의 나쁜 행동을 막으려면 방관자 효과를 벗어던지고 꼰대 선생님에게 혹은 관리자에게 직접 말해야 합니다. '다들 알고 있으니까 누군가 관리자에게 말하겠지'라고 생각하면 영원히 모를 수 있습니다.

사람들 앞에서 다른 의견을 말하기 어렵습니다

동조 효과

드라마 속 직장인들이 음식을 주문하는 장면을 보았습니다. 그런데 상사가 주문하는 음식으로 통일하는 직장인들의 모습을 보면서 '왜 그러지?'라는 생각이 들었습니다. 직장이 군대도 아닌데 음식 주문을 굳이 왜 통일하는지 이해가 되지 않았습니다. 그런데 제가 발령을 받고 선생님들과 함께 식당을 갔는데 드라마 속 장면과 똑같은 행동을 했습니다. 그리고 학교에서 협의회를 하면 다른 의견이 있어도 말하기 어렵습니다. 강압적인 분위기도 아닌데 왜 그런지 모르겠습니다. 저는 'NO'라고 생각하는데 많은 사람이 'YES'라고 하면 왜 다수의 의견을 따라가게 되는 걸까요? 사람들 앞에서 다른 의견을 말하기 어려운 제가 이상한 건가요?

☐ 저는 안 그러는데 선생님 성격이 너무 소심하네요.

☐ 사람들과 다른 의견을 말하려면 엄청난 용기가 필요합니다. 쉽지 않은 일이니 그냥 지금처럼 지내세요.

☐ 내 의견에 동조해주는 사람이 있으면 다른 의견을 말할 수 있을 거예요. 나

와 성향이 비슷한 사람을 찾아보세요.

이런 상황이 오면 손을 번쩍 들고 "저는 생각이 다릅니다"라고 말하려고 하지만 현실은 드라마가 아닙니다. 다수가 동의하는 의견에 반대 의견을 내기란 쉽지 않습니다. 많은 연구 결과에 따르면 사람은 이런 상황에서 자신의 의견을 내세우기보다 가만히 있으면서 갈등을 피한다고 합니다.

저도 종종 그런 경험이 있어요. 하다못해 친한 친구들 앞에서도 반대 의견을 내기 쉽지 않더라고요. 반대 의견을 말하는 것은 왜 어려울까요?

'인간은 사회적 동물이다'라는 말처럼 인간은 개인으로 존재하고 있어도 홀로 살아갈 수 없습니다. 인간은 끊임없이 다른 사람과 관계를 유지하고 어울림으로써 자신의 존재를 확인하는 동물입니다. 그래서 가끔 내 생각과 다르더라도 다수의 의견이 그러하다면 내 의견을 표현하지 않고 다수의 의견을 따르는데 이를 '동조 효과(Conformity Effect)'라고 합니다. 즉 동조 효과는 특정인이나 집단으로부터 직·간접적인 영향을 받아 생각과 행동을 바꾸는 현상을 말합니다. 사연자가 음식점에서 다른 의견을 말하지 못하거나 회의 시간에 반대 의견을 말하지 않는 것도 동조 효과의 사례입니다.

서로 다른 의견이 충돌하는 상황이 아니라 어떤 의견이 확실히 잘못되어도 동조 효과가 발생하나요?

다른 사람의 의견이 확실히 잘못되었다고 생각해도 동조 효과가 발생할 수 있습니다. 이를 입증하는 대표적인 연구가 솔로몬 애시(Solomon Asch)의 '선분 실험'입니다. 애시는 7명의 참가자들에게 하나의 기준선을 보여주고 1, 2, 3번의 비교선 중 기준선과 동일한 선이 몇 번인지 물어보았습니다.

과연 정답은 몇 번일까요?

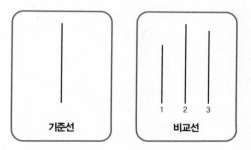

정답을 맞추는 데 1초면 충분할 것 같아요. 너무 쉽네요. 정답은 2번입니다.

너무 쉽다고 생각하겠지만 실험 결과는 다르게 나왔습니다. 우선 이 실험에 참여한 7명의 참가자 중 6명은 미리 섭외된 연기자였습니다. 연기자들이 먼저 순서대로 정답을 말하고 나머지 한 사람이 마지막에 응답하도록 실험을 설계했습니다. 실험이 시작되자 사전에 약속한 대로 연기자들은 2번이 아닌 1번이 정답이라고 말했습니다. 그러자 마지막 자리에 있던 참가자도 정답을 1번이라고 말했습니다.

거짓말이죠? 당연히 2번 아닌가요?

거꾸로 봐도 똑바로 봐도 정답은 2번입니다. 올해 다섯 살인 첫째 딸도 이 문제를 보자마자 정답은 2번이라고 큰 소리로 말했습니다. 이렇게 답이 명확한데 참가자 중 76퍼센트가 적어도 한 번 이상 동조 반응을 보였습니다. 즉 76퍼센트의 참가자들이 2번이 아니라 1번이라고 대답했습니다. 왜 이런 명확한 상황에서도 동조 반응을 보일까요?

정말 모르겠어요. 솔직히 왜 그러는지 이해가 안 돼요.

참가자들이 동조 반응을 보인 이유는 다른 사람들과 답을 다르게 말하면 본인이 이상한 사람으로 평가될 수 있다고 생각했기 때문입니다. 그리고 계속 다른 답을 말하면 내가 속한 집단에 직접적인 도전을 하는 것처럼 보이기 때문에 동조 반응을 보인 것입니다. 동조 반응은 집단으로부터 인정받고 거부당하지 않으려는 인간의 기본적인 욕망에 기초한 것입니다.

실험 결과가 정말 놀랍네요. 그런데 동조 효과가 실생활에서 자주 일어나나요?

적색 신호인 횡단보도에 있을 때 누군가 길을 건너면 무의식적으로 함께 건넌 적 있나요? 길을 가던 사람들이 갑자기 한곳을 쳐다볼 때 같이 쳐다본 적 있나요? 만약 그런 경험이 있다면 여러분도 동조 효과를 경험한 것입니다. 유명 연예인이 광고 모델로 등장한 제품이 더 잘 팔리는 현상과 대기 줄이 길게 늘어선 식당에 가려는 심리 또한 실생활에서 볼 수 있는 동조 효과입니다.

동조 효과를 들으면 '모난 돌이 정 맞는다'라는 속담이 떠오르네요. 좋은 게 좋은 거라고 어떤 일을 할 때 다수의 의견을 따르면 마음이 편하더라고요.

사람은 다른 사람과 관계를 유지하고 어울리면서 자신의 존재를 확인할 수 있습니다. 그러므로 원만한 관계 형성을 위해 다수의 의견에 동조하는 것이 이상한 일은 아닙니다. 일부러 다른 사람의 의견에 반대하면서 갈등을 만들 필요는 없습니다.

그러나 다수의 의견이 잘못되었다면 당당하게 자신의 의견을 말해야 합니다. 그렇지 않으면 더 나쁜 결과를 초래할 수 있습니다. "남들이 다 하니까 나도 했다"라는 말은 동조 효과의 부정적인 현상을 보여주는 대표적인 사례입니다.

어떤 사안이든 무조건 다수의 의견을 따른다면 큰 문제가 될 수 있겠네요. 그렇다면 동조 효과에 빠지지 않는 방법이 있을까요?

애시의 실험에서 6명의 연기자가 모두 거짓말을 할 때 76퍼센트의 참가자가 오답을 말했습니다. 그런데 실험 조건을 바꾸자 결과가 완전히 달라졌습니다. 6명의 연기자 중 한 명이라도 "정답은 2번입니다", "1번 외에 다른 정답도 있습니다", "모르겠습니다"라고 말하면 마지막 참가자가 1번 오답으로 동조하는 비율이 75퍼센트나 감소했습니다.

동조 효과에 빠지지 않는 다른 방법으로 질문에 대한 답을 말로 하지 않고 종이로 적는 방법이 있습니다. 종이에 적는다면 다른 사람들이 어떤 답을 적을지 모릅니다. 그리고 남의 눈치를 보는 일이나 상대적인 부담감이 적어질 것입니다. 이런 경우 참가자들은 답변을 솔직하게 적었습니다.

결국 사람들 앞에서 다른 의견을 말하려면 내 의견에 동의해주는 사람이 필요하군요. 그리고 "아닌 것은 아니다"라고 말할 용기가 필요하고요.

안데르센의 동화 『벌거벗은 임금님』에서 임금님이 벌거벗었다는 진실을 말한 사람은 한 아이였습니다. 그 진실을 말하자 많은 사람들이 수군거리기 시작했고 임금은 사기꾼들에게 속았다는 것을 알았습니다.

누군가 진실을 말하는 사람이 생기면 부정적인 동조 효과를 막을 수 있습니다. 그리고 그동안 침묵하거나 다수의 의견을 따랐던 사람들이 다른 입장을 이야기하는 분위기를 형성할 수 있습니다. 그런데 이때 공격적인 말과 직설적인 표현을 사용하면 오히려 감정만 상하고 역효과가 생길 수 있습니다. 보통 사람들이 반대되는 의견을 말할 때 목소리에 힘이 들어가는 경우가 있는데 이런 경우 상대방의 감정이 상할 수 있습니다.

반대되는 의견을 말할 때는 호흡을 가다듬고 머릿속으로 할 말을 정리해서 최대한 부드럽게 표현해야 합니다. "선생님 생각이 잘못된 것 같아요"라는 직접적인 표현보다 "혹시 이런 생각은 어떤가요?"라는 간접적인 표현을 사용한다면 상대방의 기분이 상하지 않게 동조 효과를 막을 수 있습니다.

- 개리 비숍, 『시작의 기술』, 이지연 옮김, 웅진지식하우스, 2019.
- 곰돌이 푸 원작, 『곰돌이 푸, 행복한 일은 매일 있어』, 알에이치코리아, 2022.
- 기시미 이치로, 고가 후미타케, 『미움받을 용기』, 전경아 옮김, 인플루엔셜, 2014.
- 김병수, 『감정의 온도』, 레드박스, 2017.
- 대니 메이어, 『세팅 더 테이블』, 노혜숙 옮김, 해냄출판사, 2012.
- 대니얼 카너먼, 『생각에 관한 생각』, 이창신 옮김, 김영사, 2018.
- 로렌 슬레이터, 『스키너의 심리상자 열기』, 조증열 옮김, 에코의 서재, 2005.
- 로버트 치알디니, 『설득의 심리학』, 황혜숙 옮김, 21세기북스, 2013.
- 로버트 치알디니, 『초전 설득』, 김경일 옮김, 21세기북스, 2018.
- 류성창, 『선생님 사기가 뭐예요』, 살림터, 2021.
- 류쉬안, 『성숙한 어른들이 갖춰야 할 좋은 심리 습관』, 원녕경 옮김, 다연, 2020.
- 명대성, 『적당한 거리 두기의 기술』, 팬덤북스, 2019.
- 사토 다쓰야, 『세계 심리학 필독서 30』, 박재영 옮김, 센시오, 2022.
- 석세스 라이프, 『3분 안에 상대를 내 뜻대로 움직이는 설득기술』, 나라원, 2012.
- 송찬섭, 「리더 이미지가 지각된 변혁적 및 거래적 리더십, 직무태도에 미치는 영향에 관한 연구: 후광효과를 중심으로」, 금오공과대학교대학원, 2020.

- 스벤야 아이젠브라운, 『너무 재밌어서 잠 못 드는 심리학 사전』, 서유리 옮김, 생각의길, 2018.
- 에이미 커디, 『자존감은 어떻게 시작되는가』, 이경식 옮김, 알에이치코리아, 2017.
- 이동귀, 『너 이런 심리법칙 알아?』, 21세기북스, 2016.
- 이민영, 「행동경제학의 심리적 편향성을 적용한 모바일 UI가 구매의도에 미치는 영향」, 홍익대학교 광고홍보대학원, 2019.
- 이시이 히로유키, 『콜드리딩』, 김윤희 옮김, 엘도라도, 2012.
- 이영직, 『세상을 움직이는 100가지의 법칙』, 스마트비즈니스, 2009.
- 이재일, 「학교조직 특성, 사회적 지원, 교사의 전문적 발달, 자아효능감 및 교사 소진 간의 관계」, 인하대학교대학원, 2011.
- 이해중, 『교실 심리학』, 푸른 칠판, 2020.
- 이혜운, 『당신만 모르는 일의 법칙 51』, 메이븐, 2022.
- 장펑, 『자치통감을 읽다』, 김영문 옮김, 378, 2016.
- 정도언, 『프로이트의 의자』, 인플루엔셜, 2016.
- 조던 B. 피터슨, 『12가지 인생의 법칙』, 강주헌 옮김, 메이븐, 2018.
- 최이문, 「인지 추론의 정도가 사후 과잉 확신 편향에 미치는 영향」, 서울대학교대학원, 2001.
- 최인철, 『프레임』, 21세기북스, 2021.
- 토머스 길로비치, 리 로스, 『이 방에서 가장 지혜로운 사람』, 이경식 옮김, 한국경제신문, 2018.
- 폴커 키츠, 마누엘 투쉬, 『심리학 나 좀 구해줘』, 김희상 옮김, 갈리온, 2013.
- 하루야마 시게오, 『뇌내혁명』, 오시연 옮김, 중앙생활사, 2020.
- 헤르만 헤세, 『데미안』, 전영애 옮김, 민음사, 2009.
- 헤이든 핀치, 『게으른 완벽주의자를 위한 심리학』, 이은정 옮김, 시크릿하우스, 2022.
- 황양밍, 장린린, 『심리학이 불안에 답하다』, 권소현 옮김, 미디어숲, 2022.

교사를 위한 마음공부

초판 1쇄 2023년 5월 12일
초판 2쇄 2023년 9월 15일
지은이 류성창 | **감수** 이재연 | **편집기획** 북지육림 | **교정교열** 김민기 | **디자인** 이선영
제작 명지북프린팅 | **펴낸곳** 지노 | **펴낸이** 도진호, 조소진 | **출판신고** 2018년 4월 4일
주소 경기도 고양시 일산서구 강선로 49, 911호
전화 070-4156-7770 | **팩스** 031-629-6577 | **이메일** jinopress@gmail.com

© 류성창, 2023
ISBN 979-11-90282-69-7 (03180)